自ら学び、
未来に活躍する
人財が育つ

WPL3.0

ワークプレイスラーニングの理論と実践

森田晃子　野添晃司
石津茉歩　小久保佳祐

Discover BP
ディスカヴァー ビジネス パブリッシング

はじめに

　はじめまして。サンライトヒューマンTDMCの森田晃子と申します。私はこれまで17年にわたり、数多くの企業の人財育成に関わってきました。この本では、サンライトヒューマンTDMCの仲間たちとともに、私が蓄積してきた「組織にとって本質的に必要な人財育成の知見」を余すことなくお伝えします。

　本書は、組織のパフォーマンスを向上させ、未来に活躍できる人財を育成したいと考える経営に携わる方々、人財育成部門や企画部門の方々、またオペレーション部門においてラインのマネジメントに携わる方々に向けて作成しました。その目的は、私たちが考える効果的な職場学習（ワークプレイスラーニング／Workplace Learning／WPL）の手法を紹介し、実践に移すための具体的な指針を提供することです。

　現在のビジネス環境において、職場環境や職場学習を最適化し、従業員の能力を最大限引き出すことは簡単なことではありません。これまで私たちは、研修を効果的・効率的・魅力的にするための手法である「インストラクショナルデザイン」の考えに即し、従業員が実務や組織の目標にどうしたら貢献できるようになるかを考えてきました（詳細は『ビジネスインストラクショナルデザイン』（中央経済社）を参考になさってください）。いわば、能力開発を目的とした研修設計の支援が主たる役割だったのです。

　しかし、最適だと考えられる研修を組み立てて実施したとしても、期待するパフォーマンスに至るまで能力を向上させることの困難さも感じてきました。

　それは、「学びの全体像」を100％とした場合、「研修での学び」はわずか10％程度に過ぎず、90％以上を占めるのは「職場学習」にほかならないからです。多くの研修担当者がぶつかるのが、この「職場学習」の壁です。加えて、この重要な「職場学習」について、誰が責任を持っているのかが不明瞭（もしくは、現場に任されており属人的）なのです。

そこで本書では、なぜ職場学習が重要なのか、そしてその効果をどう最大化できるかに焦点を当て、紹介していきます。また、「第1部　ストーリーで学ぶWPL3.0」と「第2部　WPL3.0解説編」の2部構成とすることで、実際の職場に当てはめながら体系的にご理解いただけるように工夫をしています。なお、WPLの概念は

　　WPL1.0：模倣中心の個人依存型の職場学習
　　WPL2.0：組織として一律化された職場学習
　　WPL3.0：職場ごとに最適化された職場学習

の3段階に分けられると私たちは考えています。本書では特に「WPL3.0」の世界、つまり個々人の自律的な学習を引き出し、不確実な未来において活躍できる人財の育成を支援する方法を紹介します。

　具体的には、「なぜ職場学習が重要なのか」「職場学習とは何か」「職場学習を促進する機能とは何か」「職場学習が起こる現場とはどのような場所か」「どうやって職場学習を推進するのか」を多角的に探求します。職場学習が、ノンテクニカルスキルや事業環境に沿った業務の変化にどう役立つのかを明らかにしていきます。

「第1部　ストーリーで学ぶWPL3.0」は、主人公の広瀬由紀さんが新たに発足した「未来を見据えた営業人財育成を行うため」のプロジェクトリーダーとして、さまざまな壁を乗り越えながらWPL環境を推進していく物語です。ストーリーで、職場学習の全体像を把握できるよう思いを込めました。

　一人でも多くの方が「WPL3.0」の世界観を体感し、変化の先駆者（ファーストペンギン）となっていくことを期待しています。実践的な戦略を立てるための理論と具体的な手法を学ぶことで、組織内で素敵な職場学習が行われる環境を築いていただけるように願っています。

2024年2月

森田　晃子

自ら学び、未来に活躍する人財が育つ

WPL3.0 ワークプレイスラーニングの理論と実践

STEP 4　評価とネクストアクション

エピローグ：未来人財が育つ組織

インタビュー

第 2 部　WPL3.0 解説編

ワークプレイスラーニングとは

WPL グランドデザインと WPL キャンバス

WPL マネジメントと WPL プロジェクトステップ

STEP 4　評価とネクストアクション

第 **1** 部

ストーリーで学ぶWPL3.0

プロローグ

変革が求められる時代

サンシャイン工業株式会社は、60年以上にわたって産業機械業界をリードしてきた老舗企業である。特に、産業用部品事業部（略称：IP事業部／Industrial Parts）は創業時から続いており、顧客からも高い評価を受けている。この部門は会社全体の売上に大きく貢献しているが、近年では成長が停滞している。

　時代の流れとともに、従来の対面式の営業からデジタルツールを活用した新しいアプローチへと変わる必要が出てきている。競合企業も営業戦略を見

登場人物紹介

広瀬 由紀　ひろせ ゆき　39歳・既婚

サンシャイン工業株式会社　IP事業部　事業企画部
営業推進グループ　グループマネジャー

本ストーリーの主人公。
新卒でサンシャインに入社し、営業→営業マネジャーを経て現在のポジション。
ポジティブで明るい性格。情熱的でリーダーシップがあり、コミュニケーション力が高いが、人に仕事を振るのは苦手。

趣味・特技：お酒全般好き。おつまみ作りにはまっている
信念・価値観：「神は乗り越えられる試練しか与えない」、未来志向

佐藤 真　さとう まこと　41歳・既婚

サンシャイン工業株式会社　コーポレート　ESG推進部
担当部長

広瀬の同僚で、他の精密機器メーカーからのキャリア組。マーケティング部門→事業企画部を経て、現在のポジション。戦略的思考力が高く、ロジカルかつクリエイティブな考え方ができる。常に客観的で、努力家。

趣味・特技：読書（週1冊）
信念・価値観：社会貢献、顧客志向、最上志向

寺尾 光一　てらお こういち　40歳・既婚

サンシャイン工業株式会社　IP事業部　営業本部
東京支店　支店長

新卒でサンシャインに入社。営業→営業マネジャーを経て、最年少の支店長に。
リーダーシップがあり、面倒見が良いため部下たちから慕われている。
誠実で明るい性格。努力家。

趣味・特技：ゴルフ、家族でキャンプ
信念・価値観：人は宝、率先垂範、未来のために今を一生懸命生きる

直していることもあり、これからの時代を生き抜くための新しいスキルと能力を持つビジネスパーソンが求められている。

　サンシャイン工業株式会社のIP事業部には400名余りの営業担当者がおり、これまでは順調に成長してきたが、このままでは未来の成長は期待できないかもしれない。会社としては、大所帯である営業部隊をどのようにマネジメントしていくかという大きな課題を突き付けられている。その中で、新しい人財育成に関する議論が始まった。

相関図

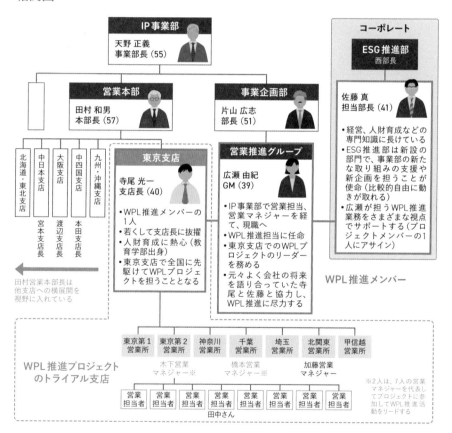

01 人の学びの90%は職場での学びによるもの

　IP事業部の事業企画部　営業推進グループは、営業本部における教育体系全般、個々の研修の管理をする責任がある。これまでは、主に営業職に対して新人研修や層別研修、中堅リーダー向けの研修プログラムを実施してきた。研修内容は5年以上ほぼ変わっていないが、幹部から変更を求めるような指示もないため、"問題がないならこのままでよい"と考えられていた。

　しかしながら、複雑で不確実な時代と言われる昨今、「5年以上も前の教育を続けることが本当に適切なのか？」と疑問を持つメンバーがいる。それが、事業企画部長の片山広志と営業推進グループマネジャーの広瀬由紀である。広瀬は営業の第一線で営業マネジャーを経験した後、本社のグループマネジャーとして2年程度の経験を積んでいる。人財育成に対する情熱があり、新たな知見も積極的に取り入れながら確実に力をつけてきており、コミュニケーションスキルにも優れている。そんな広瀬に片山は大きな期待を寄せており、これまでよりさらに挑戦的なプロジェクトを任せる頃ではないかと考えている。

　最近、広瀬が自らの課題意識から参加した外部セミナーの内容について、片山は気になっていた。セミナー参加後の広瀬の小さな、しかし確実な変化を察知していたからである。

　片山は部内会議の後、話を聞こうと広瀬を呼び止めた。
「広瀬さん、この間のセミナーはどうでしたか？」
「とても刺激的でした！　参加してよかったです」
　興奮を抑えきれない様子の広瀬は、目を輝かせた。
「刺激的って？」

「今後使えそうな内容だったので、きちんと整理してからご報告しようと思っていました」

「触りでいいので少し話を聞かせてもらえますか？」

「はい、もちろんです！　セミナーでは、ワークプレイスラーニング（Workplace Learning ／以降「WPL」）という考え方が出てきて、私の人財育成に関する考え方が大きく変わりました。実は、それを取り入れた新しい人財育成の枠組みを考えてみたいと思っています」

　広瀬の目には力が宿っている。セミナーで確信をもたらす何かに触れたようだった。片山は広瀬の勢いにやや気圧されながらも、質問を続けた。

「それは興味深いですね。詳しく教えてください」

「この部分が最も衝撃でした」

と前置きした上で、広瀬は片山にパソコンでセミナー資料の一部（**図1**）を見せた。

図1　**パフォーマンスとWPLの関係性**

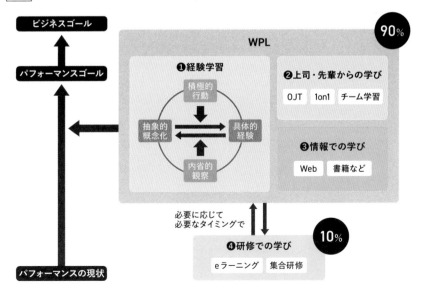

「これまで企業の教育体系は、主に研修に焦点を当てたものでした。でも、これを見ると『研修での学び』の影響度は、社員の学び全体の約10％に過ぎないそうです」

「そんなに少ないのか」

「はい。私ももっとあるのかなと思っていました。もしかしたら私たちがやってきた研修はあまり意味がなかったのかもと」

「意味がないということはないでしょう。知識やスキルを学ぶことはもちろん、研修は気づきを与える貴重な場だと思いますよ」

「私もそう信じたいのですが、人の学びの90％は職場で得られる、という論理はとても納得感のあるものでした。そして、職場での学びの中でも、自身の経験学習によるものが多くを占めており、上司・先輩から学ぶことも多いと。考えてみれば当たり前のことかもしれませんが、それに気がついたら、私たちが行っていた成長支援が非効率だったのではないかと思えてきたんです」

　片山は広瀬のパソコンの画面から目が離せなくなった。これまで重ねてきた研修が無意味だったと言いたくはないが、ただ、広瀬が示す「90％」という数字には妙に納得感があった。そして、ため息とともに「確かに……」と言葉が漏れた。

「この研修が現場で役に立つのだろうか、と疑問に思ったことはありました」
　顔を上げながら話した片山に向けて、広瀬は口を開いた。

「この図にあるように、WPLには段階があって、これからの時代はWPL3.0『職場ごとに最適化された職場学習』の状態をつくっていくことが大切だという話も出ていました（図2）。この図を見た時に、私たちの営業組織は、まだWPL1.0やWPL2.0の状態なんだと思いました。職場で自らうまく学んで成長につなげている営業担当者や、しっかりと部下を指導できている営業マネジャーがいるのも事実です。でも、それが組織化されているか、職場ごとに最適化されているかというと疑問です」

「なるほど」

「私も最初は自分たちが非効率な成長支援をしていたのかと落ち込みそうになりましたが、WPL3.0推進の鍵は、ラインマネジャーが握っているという

図2 WPL 3.0

WPL1.0
模倣中心の個人依存型の
職場学習

- 日常業務の中で学びが自然と発生したものに限られる
- 個人の取り組みや経験のみに基づいている
- 会社としての体系的なサポートは存在しない
- 先輩や上司、他者を観察して学ぶ

WPL2.0
組織として一律化された
職場学習（制度の導入）

- 会社として職場学習の制度や研修を導入（上司部下の1on1を推奨、コーチング研修の実施など）
- 上司も部下も自分ごとにはなりきれておらず、どこか受け身
- 上司や上位上長によるサポートは不均一（属人的）
- 全ての従業員に等しく効果をもたらすわけではない

WPL3.0
職場ごとに最適化された
職場学習

- 職場の特徴に合わせた職場学習が行われている
- 組織全体での戦略的な取り組みとして位置づけられる
- 上司や上位上長は、学習を支援し強化する役割を果たす
- 従業員自身の学びのマインドセット（自律性）が重視される
- 経験学習のサイクルが効果的に回る

話を聞いて、光が見えた気がしたんです。私自身、営業マネジャーを担っていた時のことを振り返ると、思い当たる節があります。ラインマネジャーが部下の成長をサポートし、業績を向上させるためには、単なる業務の指導だけでなく、彼ら、彼女らの日常の学びをどのようにサポートするかが重要です。ラインマネジャーがその役割を果たすことで、真に効果的な人財育成が可能になるというわけです」

片山部長はしばらく黙って考え込み、やがて笑みを浮かべた。

「それは納得感がありますね」

広瀬はさらに目を輝かせ、熱心に話し出した。

「私は、職場にWPLを浸透させるには、営業担当者、営業マネジャーだけでなく、支店長さらには経営者も一緒になり、一枚岩となって進めていくことが求められると思うんです。事業部長や営業本部長がどんなメッセージを出すかは、営業担当者たちにとって最も影響力のあることだと思いますから」

片山は、こんな発言をするようになった広瀬を頼もしく思いながら目を細めた。さらに広瀬はスライドを出し、続けざまに語った。

「セミナーの中で、もう1つ『WPLグランドデザインとバランススコアカードの関係性』の話も出ていました（図3）。組織のパフォーマンスを評価するためのフレームワークであるバランススコアカードにおいて『学習・成長の視点』の解像度を上げることの重要性が語られていて、はっとしたんです」

　片山は、自身も日々課題として捉えていたことを広瀬がズバリと突いてき

図3　WPLグランドデザインとバランススコアカードの関係性

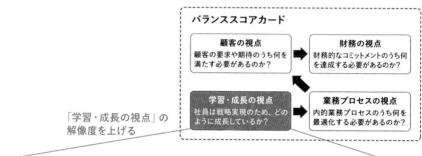

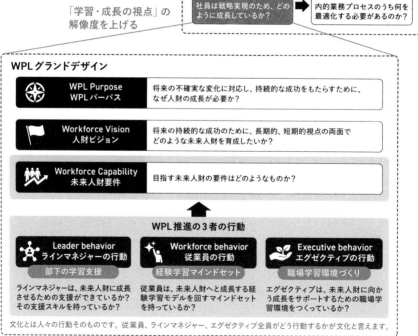

たことに感動を覚えた。

　広瀬は続けた。

「経営者は誰もが『人は宝。人財育成は重要だ』と唱えていますが、具体的に人財育成のゴールを明確に掲げ、人財育成の中心である職場学習を戦略的に行っているかについては疑問であるという指摘でした。ここは、まさに私たちの部門が担っているところであり、課題を突き付けられたという感じでした」

「我々も進化しないといけないということですね！」

「はい！　組織そして個人のパフォーマンスを上げていく鍵が、WPLであるという考えは、腑に落ちました。これまでの研修企画運営の側面だけではなく、職場学習の促進を支援できる伴走者としての役割も担えるようになりたいと思っています」

「なるほど……」、これらのためにすべき多くのことが頭をよぎり、片山は一瞬空を見つめた。しかし、自分たちの会社に変革が必要なことは目に見えている。

「職場で学ぶ環境を整えることは、リスク管理にもつながります。社内外の環境が大きく変化する今、我々はその変化に迅速に適応できる人財を育てておく必要があります。そのためには、組織内で自発的に学べる環境の構築が不可欠です。個々人が危機意識を持ち、上司やリーダーがサポートすることで、未来の問題を未然に防げます。だからこそ、今、職場での学びや成長を重視するWPLの考え方を取り入れる必要があると思ったんです」

「今回のセミナーは、広瀬さんにとってとてもいい気づきになったようですね。この学びを、将来に向けた人財育成にどう生かしていくか、一緒に考えていきましょう」

　広瀬は満面の笑みで頷いた。

「ありがとうございます、片山さん。私頑張ります」

02 変化する事業環境と 幹部が抱く危機感

　広瀬と議論を交わした1週間後、片山に天野事業部長から1通のメールが届いた。メールの受信者には田村営業本部長の名もあった。メールの内容は、経営者仲間との集いの中で、経済産業省の「未来人材ビジョン」という報告資料が話題になったというものだった。天野のメールには締めくくりとして「我が事業部の命運を左右する資料かもしれません」と書かれていた。

「命運を左右する？　どういうことだろう？」

　片山は、他の仕事を中断して急いで添付された109ページにもわたる資料（経済産業省「未来人材ビジョン」（令和4年5月））を開いた。

　数日後、天野が待つ部屋に田村営業本部長、片山事業企画部長が集まった。

　冒頭、天野が直球で質問を投げかけた。

「田村さん、未来人材ビジョンの報告書をご覧になってどう思いましたか？」

　天野の質問に対して、田村は落ち着いた様子で語り始めた。

「驚きましたよ、この予測データ（**図4**）には。これから営業が減ってエンジニアの需要が増えるだって？　当社はこれまで営業主導で来ているんですよ。私は営業の責任者として、どれだけ営業現場が重要かは知っているつもりです。全く受け入れられないわけじゃないですが、納得はいかないですよ。天野さんは、今後エンジニアを増やして営業部隊の人員を減らそうと考えておられるんですか？」

　田村の声は確かなもので、その言葉には長年の経験からくる自信と、部下に対する信頼が込められている。

　天野は首を振る。

「いえ、人員削減を考えているわけでも、そのことを伝えたくてこの資料をお送りしたわけでもありません。その点は誤解のないように。ただ、田村さ

図4 未来人材ビジョン：求められる職種

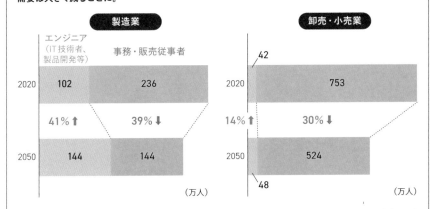

「問題発見力」や「的確な予測」などが求められるエンジニアのような職種の需要が増える一方、事務・販売従事者といった職種に対する需要は減る。現在、事務・販売従事者を多く雇用する産業の労働需要は大きく減ることに。

(注)　労働需要の増減と、各産業・職種の付加価値の増減は連動しない点や、変化幅が大きいエンジニアと事務・販売従事者のみを取り出しており全職種の構成でない点に留意。

(出所) 2015年は労働政策研究・研修機構「職務構造に関する研究Ⅱ」、2050年は同研究に加えて、World Economic Forum "The future of jobs report 2020", Hasan Bakhshi et al., "The future of skills: Employment in 2030" などを基に、経済産業省が能力などの需要の伸びを推計。

（出典）経済産業省　未来人材ビジョン（令和4年5月）、P23

ん、複雑で不確実な時代になった今、過去の成功体験だけを頼りにしていていいのでしょうか？　これまでの営業活動の延長線上の戦略でいいのか、これは営業部門に限ったことではありません。もっと大きな改革をしていかないと、従業員を守れなくなるのではないかという不安もあるんです。未来人材ビジョンの報告書に書かれていたことが、私の頭から離れないのです」

　トップの天野が迷いを見せることは珍しい。近年の事業成長が芳しくなく、天野自身の憂いも背景にあるのだろう。

「そのことに関しては、私も同じ意見です。営業本部に所属して30年以上、この事業環境の変化は誰よりも強く感じています。営業現場の担当者からは、以前にはなかった『この先に対する不安』の声も聞こえてきている。だからこそ、営業組織も見直して、東京支店には最年少の寺尾支店長を抜擢し、変革を試みようとしているのですから」と、田村は感情を抑えきれずに少し早

口で言い放った。

　田村が言った「この先に対する不安」という言葉には、天野も思い当たるところがあった。

「田村さんもご存じの通り、私もこの間、営業の中堅リーダーが集まるイベントの懇親会に出席しました。彼らの口からも、『このままの進め方で成果が出せるだろうか？』『これから先、自分たちはちゃんと成長できるだろうか？』『今の活動は未来につながっているんだろうか？』といった、この先の活動や自分自身の成長、キャリアに対する得体の知れない不安感や危機感みたいな話が聞こえてきたんです。思わずドキッとしました。彼らが会社に対して信頼感や愛着を持って、働きがいを感じることは、絶対的に大事なこ

図5　未来人材ビジョン：求められるスキル

現在は「注意深さ・ミスがないこと」、「責任感・まじめさ」が重視されるが、
将来は「問題発見力」、「的確な予測」、「革新性」が一層求められる。

56の能力などに対する需要

2015年		2050年	
注意深さ・ミスがないこと	1.14	問題発見力	1.52
責任感・まじめさ	1.13	的確な予測	1.25
信頼感・誠実さ	1.12	革新性※	1.19
基本機能（読み、書き、計算　など）	1.11	的確な決定	1.12
スピード	1.10	情報収集	1.11
柔軟性	1.10	客観視	1.11
社会常識・マナー	1.10	コンピュータスキル	1.09
粘り強さ	1.09	言語スキル：口頭	1.08
基盤スキル※	1.09	科学・技術	1.07
意欲積極性	1.09	柔軟性	1.07
⋮	⋮	⋮	⋮

※基盤スキル：
　広くさまざまなことを、正確に、早くできるスキル

※革新性：
　新たなモノ、サービス、方法などを作り出す能力

（注）　　各職種で求められるスキル・能力の需要度を表す係数は、56項目の平均が1.0、標準偏差が0.1になるように調整している。

（出所）　2015年は労働政策研究・研修機構「職務構造に関する研究Ⅱ」、2050年は同研究に加えて、World Economic Forum "The future of jobs report 2020", Hasan Bakhshi et al., "The future of skills: Employment in 2030" などを基に、経済産業省が能力などの需要の伸びを推計。

（出典）経済産業省　未来人材ビジョン（令和4年5月）、P20

とですからね」

　そして、天野は片山にも未来人材ビジョンの報告書に対する感想を求めた。
「はい。私は人財育成という観点で見た時に、将来に求められる能力要件に
ついての資料（**図5**）が気になりました。2015年には『注意深さ・ミスが
ないこと』や『責任感・まじめさ』が重視される一方で、2050年には『問
題発見力』や『的確な予測』『革新性』が求められるとあります。もちろん、
この資料は営業担当者に特化したものではないので一概にこれを当てはめる
のがよいかはわかりませんが、当社が現在営業担当者に求めている能力要件
は、まだ2015年のスキルセットに近いのかもしれません」
　片山の言葉に、天野は目を見開いた。
「このままいくと、我々の営業担当者は時代遅れの存在になるということで
すか？」
　驚きでもなく、迷いでもない不安感を伴った天野の問いに、田村は強い語
気で応じた。
「いいえ、我々の営業担当者が時代遅れになるなんてことはありません。営
業担当者の中には優秀なメンバーが多くいます。今でも間違いなく彼らが
我々のビジネスを推進してくれているんです」

　そんな田村の発言を受けて、片山が常々思っていたことを話し始めた。
「はい。私もそう思っています。しかし、将来的には、新しい仕事やビジネ

スを生み出していくことも求められるでしょう。特に現在は事業環境の変化のスピードが速い。事業環境が一変した時、今の営業担当者が別の業務にすぐに対応できるかと言われると疑問はあります」

　田村は資料に目を落としたまま、押し黙っている。

　天野も重い口調で続ける。

「つまり、不確実性の高い未来を見据えた人財育成が必要ということですか」

　天野のこの言葉に、片山は言った。

「未来人材ビジョンにもある通り、営業担当者に対して、『働くこと』の意味付けを適切に行い、一人一人の自律性を高めるようなアプローチは必要です。そしてもちろん、不確実な未来にも活躍できるような人財育成はかなり重要なことだと私は認識しています」

　田村は顔を上げて、天野と片山の顔を順番に眺めた。

「確かに、片山さんの指摘はもっともだと思う。実際に事業環境は変わってきているし、顧客のニーズに変化が生じてきているのも事実だ。今の段階で未来を見据えた人財育成に本格的に着手しておかないと取り返しのつかないことになるのかもしれないですね。ただ、どうやって育成するのか？　今まで以上に何かをするといってもなあ」

　田村は、業績との兼ね合いや、業務時間の確保などが気になるようだ。

　片山は、ちょっと前の広瀬との会話を思い返しながら提案を口にした。

「実は、こういった課題は私たちも前々から認識していて、うちの部署の広瀬さんが新しい人財育成の方法を考案しています。一度、彼女をこの会議に招いて意見を聞いてみるというのはいかがでしょうか」

　天野は片山の目を真剣に見つめて、深く頷いた。

「そうですね。片山さん、広瀬さんも交えて、この大事な議論を深めていきましょう。期待していますよ」

　この言葉に、田村も頷き、厳しい顔に不安と期待が交錯する微笑みともいえない表情が浮かんだ。そして片山は、何とかこの状況を乗り越えなければと、新たな重圧と責任を感じたのだった。

03 変革の鍵となるWPL

　天野と田村との会議の後、片山は広瀬に事の経緯を伝えた。そして、
「今度の会議には広瀬さんも参加してほしいのですが」
と話した。
「えっ、私がですか！」
　広瀬は心臓がドキンと高鳴るのを感じた。
「先日のWPLのお話をしてもよいのでしょうか。『その時』が来たということなのでしょうか？」
と少し興奮を抑えきれない。
「そうですね。こういうことはタイミングが大事。経産省の『未来人材ビジョン』のことも掛け合わせてうまく説明しましょう。営業現場にとっても会社全体にとってもよい取り組みになるように。広瀬さん、プレゼン資料としてまとめてもらえますか」
と、片山は敢えて冷静な口調で伝えた。

　広瀬は片山からもアドバイスをもらいプレゼン資料を整え、数日後の夕方、天野、田村、片山の3名と会議に参加した。

　天野がいつもの冷静な顔で口火を切る。
「広瀬さん、この会議の目的は片山さんからすでに聞いていると思います。早速ですが、広瀬さんの考えを聞かせてもらえますか？」

　広瀬は深呼吸を一つしてから、準備していた資料を配った。表情は緊張しているが、その目には確信と熱意が宿っている。

「今日のお題は、"未来を見据えた営業人財育成を検討する"と伺っていま

す。私は、その鍵は、"職場学習の進化"だと考えています。営業担当者が
一気に未来人財に変わる魔法のような研修はありません。私自身も営業担当
者時代、どこで学んだか？　と聞かれたら、迷わず現場と答えます。現場で
経験を積んで、試行錯誤をしながら成長していく。お客様に叱られて上司に
相談したり、先輩からヒントをもらったり。そこにこそ、成長の鍵があるの
です。『学びの90％が職場学習で得られる』とも言われています。職場学習
はワークプレイスラーニング、略してWPLと言われていますので、ここか
ら先は、WPLという言葉を使わせていただきます」

　田村は「WPLか……」と小声でつぶやきながら、広瀬の力強い語りに、
期待を寄せて話を聞いている。

「こちらの資料（**図6**）をご覧ください。昨今、『人的資本経営』という言
葉が謳われています。先日の天野事業部長の年初メッセージでも使われてい
た言葉です。片山さんとも相談したのですが、私たちが注力すべきはこのバ
ランススコアカードの『学習・成長の視点』の解像度を上げることなのでは
ないかと考えています」

　天野も田村も食い入るように資料を見ている。

図6 WPLグランドデザインとバランススコアカードの関係性

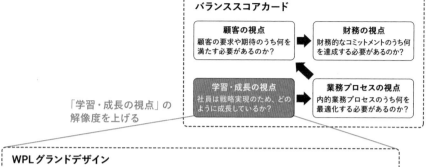

2人が興味を持って話を聞いてくれていることを確認し、広瀬は話を続けた。

「財務の視点、顧客の視点は最も重要です。これはゆるぎ無いことです。ただし、昨今、事業環境が変化する中で業績達成に苦戦するようになってきており、職場における人財育成の仕組みづくりの重要性を強く感じています。そのヒントとなるのが、この**図6**の下側で示されている『WPLグランドデザイン』です。『WPLパーパス』と『人財ビジョン』を定めて、未来人財育

成をゴールに、3つの柱である、営業担当者（従業員）の行動、営業マネジャー（ラインマネジャー）の行動、支店長（エグゼクティブ）の行動変容を促していくという仕組みです」

　広瀬がここまで話を進めたところで、田村が強い調子で口を挟んだ。
「なんとなくわかってはきたけど、WPLって、要はOJTのことだろう？それなら、忙しい合間をぬって、営業マネジャーたちは一生懸命現場で奮闘しているし、部下育成も行ってくれているんだが。そういう意味では、今やっていることをやり続ければ、未来人財になるってことじゃないのか？」
　広瀬は、やはり、ここを突いてこられたか、と思いながら答えた。
「はい。私も初めはそう考えました。ただ、これまで行われてきたOJTに代表される職場学習は属人的で、営業担当者に求めていた能力は製品知識や売るための技術、いわゆるテクニカルスキルが中心でした。その延長線上で営業マネジャーが指導しても、経産省が示している未来に活躍する人財に必要とされる『問題発見力』『的確な予測』『革新性』といったノンテクニカルスキルを効果的に伸ばすことはできません。未来人財づくりを意図した職場学習の環境を一から整えていく必要があると思うのですが……」
　田村は納得することはなく、椅子にもたれかかり、大きく腕を広げて見せた。
「だとすると、目前のビジネスを差し置いて、未来人財になるための育成体制を整えろということなのか？　やるのはいいが、今の業績を保てるのか？我々の置かれている環境は、決して余裕があるわけではない。日々の活動が疎かになるのであれば、そもそも我々に未来はないだろう」
　終始それぞれの言い分に耳を澄ませていた天野が、広瀬のほうに向き直って穏やかに尋ねた。
「広瀬さん、田村さんが指摘する点はどのように考えていますか？　私も一理あるように思ったのですが」
　広瀬は天野の目を見て、
「私も初めてWPLの話を聞いた時は、田村さんと同じ懸念を持ちました」
と言った。そして、少し間を置いて、こう続けた。

「私は、決して今の業績を無視するような取り組みが必要であると言っているのではありません。WPLの環境を整えることは、未来人財の育成と、今のビジネス推進の両方に寄与すると信じています！　問題発見力や的確な予測は、当社の今の営業にも必要ではないでしょうか？」

　思わず熱くなってしまったのか、いつもより大きな広瀬の声が小さな会議室に響いた。

　田村は、足を組み直してこう言った。

「確かに、未来人財の要件は、今の営業現場にも必要だよ。私も営業担当者たちに、これからの時代は『顧客の課題発見』や『市場の予測』がいかに重要かということを常に話しています」

　広瀬は田村が肯定してくれたことにやや安堵の表情を浮かべ、少しムキになってしまったことを後悔した。平静を取り戻した広瀬は、天野、田村、片山の顔を順番に見つめてこう言った。

「私は、未来人財育成といっても、

- あくまでも“現実的な今の現場における”職場学習として取り扱うこと
- 今の業務に必要なテクニカルスキルに加えて、未来に向けたノンテクニカルスキルも向上させること
- 職場学習を通じて営業人財の“未来に向けたマインドセット”を向上させ持続的な業績向上に貢献すること

が、前提だと考えています。私も営業マネジャーをやっていたので、現場が大好きですし、営業で活躍している皆さんをリスペクトしています。だからこそ、現場を大切にしたいと考えています」

「そのことをしっかりと踏まえてくれるのであれば、そして、より効果的な職場学習を構築してもらえるのであれば、今の時点では、反対する理由はなさそうだ」

　田村は笑顔で、しかし冷静な口調で広瀬に伝えた。

　途中で、何度も広瀬に助け舟を出すべきか、任せるべきかを見極めながら

見守っていた片山は、安堵の表情を浮かべながら田村に声をかけた。

「田村さん、いよいよ今年は営業本部も、新たな航海に出発する人財育成元年になりそうですね。私も最大限バックアップしますので！」

田村が頷いていることを確認すると、満面の笑みで広瀬が話を続けた。

「ありがとうございます。とはいえ、いきなりこのWPLの仕組みを全支店に展開するという話ではありません。WPL推進で大切なのは、職場ごとの個性を大切にして、職場ごとに最適化することだとも言われています。なので、もしスタートするにしても、1支店を選んで実施したいと思っています。まずはこの新たなWPLの取り組みの方向性を判断するためにも、営業現場でのWPLの現状調査と一部取り組みを行いたいです。実は先日、東京支店の寺尾支店長とWPLの話をする機会があり、興味を持っていただいたので、改めて、寺尾支店長とお話をしてみたいと考えていますがいかがでしょうか？」

広瀬と寺尾は同期で、時々情報交換をしている。

天野は「なるほど」とつぶやいた。片山も大きく頷いている。田村は少し悩んだ様子を見せながら、

「なるほど、東京支店の寺尾さんのところか。確か、広瀬さんと寺尾さんは同期だったね。相当忙しい状況だろうからあまり負担はかけたくないが、寺尾さんからも支店の人財育成を何とかしていきたいという相談を受けている。6支店の中でトライアルをするとしたら、やはり東京支店になるだろうな。ちょうどよいタイミングなのかもしれない」と答えた。

「方向性は見えてきたようですね。田村さんと片山さんが賛成してくれるのであれば、私は東京支店での現状調査を進めてもらっていいのではないかと思います。その結果を見た上で、改めて当社における新たなWPL推進活動の方向性を検討しましょう」

天野の言葉に、その場の全員が大きく頷いた。

STEP 1

現状と課題整理
Whyを明確にする

01 ヒューマンパフォーマンス　現在未来分析

現在と未来、2つの軸で評価する

　広瀬は天野、田村、片山との会議を終えると、深く息を吸ってからつぶやいた。

「さて、これからどうしようか。こんな時は、やっぱり佐藤さんに相談しようかなぁ」

　佐藤はESG※推進部の担当部長である。キャリア入社で営業を担当した後、片山のもとで事業企画部に所属していたことがある。その時に佐藤は、ビジネススクールに通い、経営や人財育成に関して深く学んでいる。そして新たにESG推進部が立ち上がった際に異動した。まだESG推進部は新設の部門ということもあり、比較的自由に動き回ることができ、IP事業部のビジネスパートナー的な仕事も一部担っている。広瀬と佐藤は、数年前の人事部主催のマネジャー研修で同じグループだった。研修中に佐藤がプレゼンした「人的資本経営に軸足を置いた人財育成の考え方」が素晴らしく、それ以来、広瀬は人財育成のことで悩んだ時は、佐藤に相談している。その研修では、広瀬と同期の寺尾支店長も同じグループで、3人は意気投合し、半年に1回位の頻度で情報交換をかねて、飲みに行く仲である。飲み会の席ではあるが、「いつか、3人で会社の未来を創るプロジェクトができたら楽しそうだね！」と話していた。

　広瀬から電話で事のいきさつを聞いて佐藤は喜んだ。どうやら「WPLこそ重要である」とかねてから思っていたものの、実現する機会を得ることができずにいたらしい。

「さすが広瀬さん!!　素晴らしい。最高だよ」

※ESG：持続的な成長を目指すために必要な要素（Environment＝環境、Social＝社会、Governance＝企業統治）の頭文字

と驚くほど高いテンションで協力を快諾してくれたので、すぐにカフェスペースで落ち合うことにした。

　佐藤がニコニコしながら口火を切った。

「寺尾さんに協力してもらえるのは心強いよね。まずは、寺尾さんが管轄する東京支店の人財育成の現状を分析するところから始めよう。本格的にプロジェクトをスタートする前の事前調査という位置づけになるかな」

「現状分析って、どうやったらいいの？」

　佐藤は、パソコンで図を示しながら教えてくれた（**図7**のブランクフォーマット）。

「この『ヒューマンパフォーマンス現在未来分析』を行うといいよ。ポイントは、『現在目指すべき人財像に向けた人財育成の状況』を分析することと、将来のビジネスにおいて求められる『未来人財像に向かうための人財育成の状況』を分析すること。これにより、現在だけでなく長期的な未来人財への取り組みを評価することもできるんだ」

「佐藤さんって、本当によく勉強してるわよね。少し難しそうだけどやってみる」

「ありがとう。困ったらいつでも連絡して」

未来の人財像は「仮置き」でまずやってみる

　広瀬は、支店長の寺尾に対して、ヒューマンパフォーマンス現在未来分析を行うためにインタビューをすることにした。

　広瀬が支店の会議室に到着すると、すでに寺尾はパソコンを開いて待っていた。

「寺尾さん、お待たせしました。本日はありがとうございます」

　顔を上げた寺尾はニッと白い歯を見せて笑った。

「広瀬さん、やめてよ。改まって！　同期として広瀬さんの相談を受けるのは当たり前。今日は、前に話していた支店の人財育成に関することだよね？」

　入社当時から変わらない寺尾の朗らかな笑顔に、広瀬の緊張はほぐれた。同期とはいえ、新たなことをお願いするのはそれなりに気がひけるものだ。

「そうなの。電話でも話したけど、天野さんや田村さんとの会議で、営業本部の今後の方向性について話し合っていて、職場学習環境の見直しを提案したの。その中で、寺尾さんの名前を挙げて、まず東京支店から現状調査を始めさせてもらえるようにお願いしちゃった。忙しいのに、負担をかけちゃってごめんなさい」

寺尾は笑って、手を振った。

「気にしないで。教えてもらった経産省の資料もすごく興味深かったよ。やっぱりこれまでの延長線上で物事を考えていてはダメなんだよね。僕も何か手を打たなくてはと思っていたところだったから、ヒントをもらえて逆にありがたいよ」

広瀬は興味津々で聞き返した。

「ところで、人財育成に課題感があるのはどうして？」

寺尾は考え込みながら答えた。

「僕は若くして支店長になっただろう。会社からの期待もあるし、現場には経験豊富な営業マネジャーも多いから、結構プレッシャーを感じているんだよね。ちゃんと成果も出さないといけないしね。それに、業績が厳しい中、営業担当者たちも悩んでいるんだ。営業マネジャーとの会議の中でも、短期的な施策より、根本的な見直しが必要だという話が出ていたよ」

「そういう声、私もよく聞くわ」広瀬は共感した。

寺尾は語気を強めて、

「でもさ、戦略を考えるのも、それを実行するのも『人』。だから、僕は人財育成が鍵だと思ってるんだ」と言った。

広瀬は感心して目を細めた。

「寺尾さんって、確か教育学部出身だったよね？　それが関係してるのかな」

「そうかもね。人との関わりが好きなんだよ」寺尾は微笑んだ。

「現場に役立つ仕組みづくりにつなげていきたいわね」

寺尾は元気よく頷いた。

「よろしくね。さて、具体的には何から始める？」

「ごめんごめん。本題に入るね。まず、このヒューマンパフォーマンス現在

未来分析（**図7**のブランクフォーマット）のフレームを使いながら、東京支店の人財育成の状況を教えてもらいたいの」

　最初は柔和な笑顔を浮かべて聞いていた寺尾だったが、広瀬の説明を聞いて、困った表情になった。

「うーん、現状分析をしたいことはわかったけれど、この分析って難しくない？　現在の目線であれば、ある程度、目指す人財像が明確だからできなくもないけれど、将来のまだ見ぬビジネスを想定して分析するのは無理があると思うんだよ。僕が思うことを話せばいいのかな？　あくまでも個人の意見になってしまいそうなんだよね」

　寺尾の返事に、広瀬は頷いた。やはり寺尾は鋭い。

「言う通り、この分析はすぐに完璧にはならない。最初は仮説的な未来人財像、たとえば経産省の『未来人材ビジョン』に書かれていた『問題発見力』や『的確な予測』などが備わった素敵な人財をイメージして分析して、そこから不足点やモチベーション向上のヒントを見つけていけたらと思っているの」

「なるほど。それなら少しイメージできるかな。ちょっとどんな結果になるか読めないところがあるんだけど……。とりあえず、細かいことを考えすぎずに、大きな未来を想定して、それに向けての今の状態を分析してみようと思う。それで大丈夫かな？」

　寺尾の言葉に、広瀬は大きく頷き、早速用意した質問項目に沿って寺尾にインタビューを行い、分析シートを埋めていった（**図7**）。

図7 ヒューマンパフォーマンス現在未来分析（東京支店の分析結果）

	現在分析： 現在の人財パフォーマンスを支える状況を評価する 目指す人財像（現在） • 製品に関する高い知識がある • 製品の正しいメッセージを伝えることができる • 顧客とのいい人間関係をつくれる • 業績達成の高い意識		未来分析： 未来で活躍できる人財パフォーマンスを支える状況を評価する 目指す人財像（未来） • 問題発見力 • 的確な予測 • 革新性 • 的確な決断 • 情報収集力	
物理的なリソース	• 現在の業務を進める分には困らないほどのリソースは提供されている。	4点	• 外部研修企業のプログラムの付与や人事部門が提供しているビジネススキルやその他トレーニングプログラムの準備はある。	2点
構造やプロセス	• KPIを達成することが伝えられており、営業担当者は真面目に取り組んでいる。 • 2015年に求められていた能力（未来人材ビジョンの左側）が重視されている。 • 職場学習の環境（WPL環境）はありそうだが、状況を把握できていない。	3点	• 学びは、全て現在の業務につながるスキル軸であり、将来につながるノンテクニカルスキルの要素は重要視されていない。 • 業務改善の取り組みはあるが、革新的な取り組みはされていない。 • 未来人財育成に向けたWPL環境は用意されていない。	1点
コーチングや強化	• 業績軸/業務に直接必要なスキル軸の1on1をしているし、同行もしている。 • 個人のキャリアとの紐づけは業績軸ではあるが、面談している。 • 業績達成に偏った指導のため、営業担当者の意識が偏っている可能性がある。	3点	• 未来人財を育成するための1on1はやっていない。 • 上司が未来人財を育成するマインドになっておらず、その必要性を認識していない可能性が高い。	1点
知識やスキル	• 2015年に求められるスキル（図5の左側）を満たしている。 ☞まじめに、上司の指示通り行動する。 • 基礎的な知識・スキルはある程度持っている。 • 担当者のレベルは、上位2割とそれ以下の8割との差が大きくなってきている。	3点	• 未来に向けての学びは自主性に任せている。 • 約2割は、危機感を感じ、自ら何らかの形で学んでいる（社内外のトレーニングやビジネススクール、書籍など）。 • 未来に向けて必要な能力が備わっているかがわからない。	1点
キャパシティ	• 新人は社会人基礎力を見て、"今"の営業人財に最低限必要な資質を見極めて採用している。特に大きな問題はない。 • キャリア採用についても、将来高い業績が出せそうな即戦力人財を採用している。	3点	• 新卒、キャリアともに、いずれにしても採用基準や採用方法などの見直しは必要そうである。	1点
動機	• 業績・今の業務に必要なスキル軸での報奨制度はある（金銭的な）。 • 金銭的なものに偏る（副反応）。 • 現場は短期的視点。	3点	• 未来人財に成長するための内的動機付けを意識した施策は行っていない。 （例：ワーキンググループ、社内副業、インターンシップなど）	1点

02　職場学習チェック

現状分析の解像度を上げる一手

　広瀬と佐藤は、寺尾との「ヒューマンパフォーマンス現在未来分析」の結果を見返していた。

「さすが寺尾さん、普段から課題意識があるんだね。初めてこの分析をしてここまで書けたらすごいことだよ。広瀬さんもお疲れ様！」

「ありがとう。ただ、これでいいのかなってモヤモヤしているというか、何かが足りないような気がしているの。多分寺尾さんも同じ気持ちだと思う」

「なるほど。そのモヤモヤは、実際に営業担当者を指導している営業マネジャーたちの考えも聞くことで解消する？」

　佐藤の指摘に、広瀬は

「それよ！　寺尾さんも何度も、『これはあくまでも僕個人の意見だけどね』って言ってたわ」

と反応した。

　続いて、佐藤が提案した。

「もうひと手間かけて、現状分析をしよう。寺尾さんの部下の営業マネジャーに対して、この『職場学習チェック（図8）』を活用してもらえると、現場の生の声も拾えるよ」

「確かにこれは必要そうね。寺尾さんに連絡してみる。今度は、せっかくだから佐藤さんも一緒に行きましょう」

「もちろん！」と佐藤は快諾した。

「現場の声」が分析の精度を高める

　数日後、広瀬は佐藤と一緒に東京支店に出向き、寺尾を含め3人でテーブルを囲んでいた。

「この3人が社内のプロジェクトで揃うなんて不思議だね。広瀬さん、今日

は何をすればいいのかな？」

「寺尾さん、今日も時間をとってくれてありがとう。前回は寺尾さんのお話を伺っただけだったから、まだ具体的な方針は立てられていなくて……。今回は、東京支店の人財育成環境をより理解するために、何名かの営業マネジャーの方にもご協力をお願いできたらと思っているの」

「この間のインタビューをマネジャーたちにも実施するの？　正直、僕でも未来志向で分析するって聞いて困惑したから、現場のマネジャーたちにはより難しいと思う。『現在のビジネス』の渦中で仕事をしているからね」

　寺尾の反応はもっともだ。広瀬自身も未来人財を想定してもらうことは容易いことではないと考えている。

「そこで、今回はこの『職場学習チェック』（図8）を実施させてほしいの。これは、現在の職場学習の推進環境そのものについての調査。営業マネジャーの皆さんには、各項目をどのレベルで実施しているかについて回答してもらえばいいから取り組みやすいと思う」

「営業マネジャーにとっても、普段の自分の部下育成に対する振り返りにもなると思うよ」と佐藤が補足した。

　手渡された資料と広瀬・佐藤の顔を交互に見て、寺尾は納得したようだった。「これなら彼らにも回答してもらうことは可能だと思う。佐藤さんが言うように、マネジャーたちにとっては普段の育成の振り返りにもなるだろうからうまくメッセージも添えてやってもらうよ。それでいいかな？」

　頼もしい寺尾の言葉に、

「ありがとう！　お礼は次の飲み会で、一杯ご馳走するわ」

と広瀬は頭を下げた。

　翌週末、寺尾から営業マネジャー全7名分の職場学習チェックの結果が広瀬に手渡された。広瀬は早速、寺尾からインタビューをして整理したヒューマンパフォーマンス現在未来分析と職場学習チェックの結果をまとめ、考察を行った（図9）。そして、事業部長たちへの報告の準備に取り掛かった。

図8 職場学習チェック

あなたの所属する職場（営業所）における営業担当者にとっての職場学習状況の程度を5段階で評価：
1.全く同意しない〜 5.非常に同意できる

	カテゴリー	設問	1	2	3	4	5	コメント
1		失敗が学びや成長の機会として活かされている						
2		直属上司の提案や意見に対して自由に考えを述べられる						
3	心理的安全性	自分たちのアイデアを企画し実行する機会がある						
4		新しい仕事やレベルの高い仕事に挑戦する機会がある						
5		上司も部下が学習している内容を学習している						
6		会社の理念や方針などが上司から伝えられている						
7	マインドセット	職場メンバーが常に質の高い実践を考えている						
8		職場メンバーが会議やミーティングを楽しみにしている						
9		上司と仕事・業務について話し合う機会がある						
10	上司との 1対1 コミュニケーション	上司と将来目指す姿（キャリア）について話し合う機会がある						
11		上司によるコーチングが行われている（1on1の推奨）						
12		上司による同行を通じて育成が行われている（育成同行）						
13		先輩社員に同行して学んでいる						
14	先輩/同僚との 1対1 コミュニケーション	先輩が後輩の面倒を見るなどサポート役が適切に置かれている（メンター）						
15		同僚・同期と一緒に振り返り、刺激を与えあう場がある						
16		職場メンバーからよりよい意見や提案を集めるための会や場がある						
17	複数人数での コミュニケーション	職場メンバーとは会議やミーティングで自由な意見を出し合っている						
18		職場メンバーとは会議やミーティングで話し合いや問題解決が行われている						

【MEMO】 職場の学習環境を調査したほうがよいと思ったことがあれば、メモをしておきましょう。

図9 **ヒューマンパフォーマンス現在未来分析×職場学習チェック
分析 サマリー（東京支店の分析結果）**

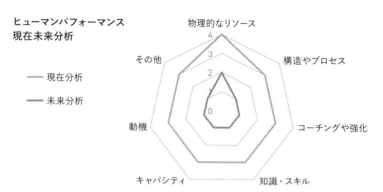

ヒューマンパフォーマンス
現在未来分析

—— 現在分析

—— 未来分析

現在分析	現在のビジネスゴールに向かうために、十分な環境が整っており、引き続き、オペレーショナルエクセレンスを実践することが期待される。
未来分析	将来の変化への対応は、全て従業員本人に委ねられており、組織として未来人財を育成するための環境になっていない。
現在 vs 未来 GAP 分析	これまで対面研修を中心とした人財育成を十分に進めてきた結果、現在のビジネスに直接必要なスキル開発は進んでいる。一方で、未来志向の育成が十分に行われていなかったという現状がある。

職場学習チェック

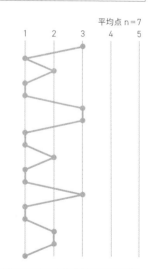

平均点 n＝7

職場では失敗が学びや成長の機会として活かされている
職場では直属上司の提案や意見に対して自由に考えを述べられる
職場では自分たちのアイデアを企画し実行する機会がある
職場では新しい仕事やレベルの高い仕事に挑戦する機会がある
職場では上司も部下が学習している内容を学習している
職場では会社の理念や方針などが上司から伝えられている
職場メンバーが常に質の高い実践を考えている
職場メンバーが会議やミーティングを楽しみにしている
上司と仕事・業務について話し合う機会がある
上司と将来目指す姿（キャリア）について話し合う機会がある
上司によるコーチングが行われている（1on1 の推奨）
上司による同行を通じて育成が行われている（育成同行）
先輩社員に同行して学んでいる
先輩が後輩の面倒を見るなどサポート役が適切に置かれている（メンター）
同僚・同期と一緒に振り返り、刺激を与えあう場がある
メンバーからよりよい意見や提案を集めるための会や場がある
メンバーとは会議やミーティングで自由な意見を出し合っている
メンバーとは会議やミーティングで話し合いや問題解決が行われている

考察（WPLの必要可否とその理由や背景）

WPL環境を整えるためのプロジェクトが必要と思われる。
特に、未来人財を育成するための環境整備や上司によるコーチングのやり方を見直すことで、未来人財を育成することだけでなく、同時に現在のビジネスの推進力も高めることができると考えられる。

03　WPL推進プロジェクト始動

WPLキャンバスの活用

　広瀬は、寺尾による「ヒューマンパフォーマンス現在未来分析」の結果と営業マネジャーに行った「職場学習チェック」の結果を見ながら、自社におけるWPLの必要性や方向性をどのように整理するか悩んでいた。「WPL推進が必要そうだ」という漠然とした感覚は抱いているものの、それをどのように天野、田村、片山に伝えるか、そして具体的にどのように実行まで落とし込むかの道筋は見えてこない。

　悶々と悩んでいると、ふらりと佐藤が広瀬のデスクへやってきた。
「広瀬さん、現状分析は順調？」
「寺尾さんから結果を受け取ったわ。ただ、これらのデータをどう整理して報告するかで悩んでいるところ。WPL推進は必要なはずなんだけど、どういったロジックにしたら納得が得られるかなあ」
「なるほどね。WPLのグランドデザインを描く『WPLキャンバス』（図10）を使ってみるのはどう？　じゃじゃーん！」
「WPLキャンバス？」

「これは、以前受けた外部セミナーで知ったフレームで、いつか使えそうだなと思ってストックしてたんだ。今までも、WPLってコンセプト自体はよく語られてきたけど、それを体系立てて整理できるフレームはこれが初めてかもしれない」
「ありがとう、WPLグランドデザインの話は知っているわ。これであれば使えそう。早速これを使って整理してみる。ただ、今は限られた情報しかないから、全ての要素を埋められないような気もする……」
「大丈夫！　WPLキャンバスは、物事を考えるためのフレームだから、無

図10 WPLキャンバス

理して全てを網羅的に埋めようとしなくてもいいよ。要素ごとに見えてきた現状や課題を書き込んでみることで、この先をどうやって進めたらいいかの気づきがあるといいね」

頼もしい佐藤の言葉に、広瀬の表情が明るくなった。
「整理できそうな気がしてきた！」

広瀬は早速パソコンに向かった。まずは、WPLキャンバスを俯瞰して見る。さあ、これからどう整理をしていくか。数十分前とは異なる、ワクワクした気持ちが湧いてきた。

幹部への理解を促すプレゼン 3つのポイント

広瀬と佐藤のやり取りを遠くから眺めていた片山が広瀬のデスクに近づいてきて声をかけた。
「例の東京支店での取り組みは順調そうですか」
「はい。悩みながらですが、今こんな感じでまとめています」

広瀬はパソコンを片山に見せながら、これまでの分析結果やWPLキャンバスの枠組みで整理していくことを話した。

「うまくまとめていけそうで安心しました。広瀬さんのプレゼン力やコミュニケーション力は素晴らしいから心配はしていないけど、来週の会議に向けて３つだけアドバイスをしておきますね」

広瀬メモ

1）ビジョンの共有：長期的な視点でのビジョンに対して、今回の新たな取り組みがどう寄与するかを明確に伝えること
2）共感の表現：部長の意見や懸念を真摯に聞いて、共感を示すこと
3）積極的な態度：自分の提案に自信を持ってその価値を信じること

　広瀬は熱心にメモを取った。

「ありがとうございます。頑張ります！」

「もちろん私もバックアップするので、思うようにやってください。広瀬さんなら大丈夫！」

　片山が席に戻ると、広瀬は即座にWPLキャンバスの資料を開いた。佐藤と片山と話をしたことで落ち着いたのか、部長会での報告に向けて、WPLの必要性と導入計画を納得してもらえるように説明する自信が湧いてきた。

全社一斉ではなく「職場単位」で始める

　広瀬は、ヒューマンパフォーマンス現在未来分析と職場学習チェックの分析結果をWPLキャンバスへ落とし込み（**図11**）、事業部長の天野らに一報を入れた。そして、改めて天野、田村、片山に会議室へ集まってもらい、事前調査の報告会議を行った。

「……以上が、東京支店を対象に行った事前調査および考察となります」

　広瀬の声は落ち着いていたが、内心、次に来る反応には緊張していた。

天野と田村は渋い表情を浮かべていた。しばらくの沈黙の後、天野が口を開き、

「この結果からすると、未来人財を育成するための1on1や環境整備などは不足しているという理解でよろしいですか？」

と問いかけた。

　広瀬は深呼吸をしてから慎重に言葉を選びながら返答した。

「私たちは現在のビジネス戦略でしっかりと未来に進んでいますし、営業マネジャーや営業担当者もその役割をしっかり果たしています。しかし、長期的な視点で捉えると未知の変化への対応が必要です。ここ数年、短期的な視点で見た改善に集中してきた結果、長期的な準備が疎かになったのかもしれません」

　広瀬の言葉に、田村は「ううーん」と唸った。

「寺尾のところでもそうなのか……。彼は支店長の中でも、人財育成に力を入れているように見えていたから、他の支店は東京支店以上に未来に向けた人財育成ができていないかもしれないね」

　田村の眉間には深いシワが刻まれている。

　広瀬は田村の懸念に共感しながら答えた。

「私も同感です。寺尾さんも、ご自身が取り組んできたことが間違っていたのか？　と最初はショックを受けられていました。ただ、この分析は、未来をつくっていくためのアプローチですので、これから何ができるかをポジティブに考えることが大切です。未来に備えてWPL推進を行っていくことは、現在の営業担当者の能力開発にもつながり、短期的な業績向上にもつながっていくと思っています」

　広瀬の説明に少しだけ納得した表情を見せながら、田村は「悲観的になっていても何も始まらないからな」とつぶやいた。

　広瀬はスクリーンに映った資料を指しながら話し始めた。

「はい。アセスメント結果をこちらのフレーム（WPLキャンバス）で整理したのでご覧ください（**図11**）。未来に向けた人財育成ができているかどうかを分析するにあたって、出口がないと現状分析ができないので仮のゴー

図11 WPLキャンバス（現状把握）

🧭 **WPLパーパス**	未来人材ビジョンにある未来人財のための学習環境を整備し、未来人財による自社の持続的な発展を図る（仮） （課題：今は、経産省のモデルを仮置きしているが、実際の自社のWPLパーパスを言語化する必要性がある）	
🚩 **人財ビジョン**	（寺尾支店長へのインタビューからの仮置き） 長期的な視点：未来の不確実な状況においても、自らの創意工夫をもって困難を乗り越えていく人財 短期的な視点：現在のビジネスにおいて高い専門性を持ち、高いパフォーマンスを実現する人財	

〽️ **未来人財要件**	〈重要指標〉	〈現状〉
	（経産省の未来人財ビジョンからの仮置き） ● 問題発見力 ● 的確な予測 ● 革新性	● 自社の本当の未来人財要件が定義できていない ● 何％が未来人財の要件を満たしているか不明（ただし、現状ではかなり低いと想定される）

⚙️ **ラインマネジャーの行動** 部下の学習支援	✨ **従業員の行動** 経験学習マインドセット	🌱 **エグゼクティブの行動** 職場学習環境づくり
〈現状〉 ● コーチングは行っている（1on1／同行） ● 現在の業務について部下とよく話している ● チームの業績達成を促す指導を行っている ● 未来に向けての育成はあまり見られない 〈問題点〉 ● 未来人財を育成するための営業マネジャーの取るべき行動が明確になっていない ● 多くの営業マネジャーは、現在のビジネスベースの指導に偏っている ● 未来人財としての成長は本人任せになっている（営業マネジャーが関与できていない）	〈現状〉 ● 営業担当者は、皆、真面目に業務に取り組んでいる（現在の業務の遂行スキルはある程度整っている） ● 多くの営業担当者は、将来のまだ見ぬ未来に対する意識は持っていない（自身で気づいて、未来に向けて能力開発を行っているのは1割程度） 〈問題点〉 ● 自律的な学習志向のマインドを持つ担当者が少ない ● 担当者の未来に向けての挑戦意識は低い	〈現状〉 ● 歴史的に縦社会の構造があり、上位者の意見が強く反映される組織となっている ● 今の業務のハイパフォーマーを元にしたロールモデルはある ● 現在の業務の幅を超えた社内ネットワーキングはされていない 〈問題点〉 ● 心理的安全性が高いとは言えない ● 未来人財像としてのロールモデルがない ● 職場を越えた成長の環境（特別な場、つながりの場）は用意されていない

ルを置きました。今回は経産省の『未来人材ビジョン』を参考にしています。この時点で、今後の目的となる『WPLパーパス』や目指すべき『人財ビジョン』、『未来人財要件』を明確にする必要があることに気づけたのは大きな収穫でした」

「確かに今後、そこは重要なポイントになりますね。経産省の未来人材ビジョンはあくまでも一般化したものなので、私たちにとっての人財像を定義

していく必要があります」と片山は補足をし、続けて広瀬は話題を次に移した。

「このような『問題発見力』『的確な予測』『革新性』といった『未来人財要件』を満たすためには、従業員（営業担当者）、ラインマネジャー（営業マネジャー）、エグゼクティブ（支店長）の３者がどう行動するかが重要になります。この観点でアセスメントした結果を現状分析すると、WPLキャンバスにまとめたように、３者それぞれの問題点が見えてきました」

　広瀬の説明に、田村も頷いた。
「こうして、整理して見せられると、納得感があるな」

　広瀬はぐるりと３人の顔を見渡して、力強く話を続けた。
「今の時代にこの営業本部が継続的に業績を上げていくためには、やはりWPLの環境を戦略的に構築していくことが重要です。そのためにはまず、プロジェクトを立ち上げる必要があると考えています。WPLキャンバスの項目に沿って、これからの営業の未来人財要件を明確にした上で、営業担当者、営業マネジャー、支店長、それぞれがどう行動するかを定めて、実行に移していく。三位一体となってWPLを推進していくのです。そうすることで、現在も未来も活躍できる、本当の意味で我々が求める未来人財を育成することができるのではないでしょうか！」

　３人は広瀬の気迫に押され、会議室に一瞬の間が生まれた。
「さて」と、田村が椅子に掛け直し、こう続けた。
「天野さん、片山さん、このWPL推進プロジェクト、私は進めるべきだと感じました。最初はこの話に懐疑的でした。これまでもマネジャーたちには部下育成の重要性を語ってきましたし、実際に以前よりも同行や1on1は増えてきています。だから、このプロジェクトで何が変わるのかと。でも、今日の広瀬さんの説明で納得できました。未来に備えるための長期的な視点が欠けていたこと。WPLの促進によって営業部門の未来に向けて持続的なパフォーマンス発揮を強化できるなら、全面的にサポートしますよ」

　田村の言葉を聞き、片山は広瀬に向かって微笑み、会議室には柔らかな空気が流れた。天野も大きく頷いた。

「田村さん、ありがとうございます。営業現場を統括する立場からの力強いお言葉、大変素晴らしいです。ぜひこのプロジェクトを進めていきたいと思います。ただ、いきなり全国展開するにはまだ考えなくてはならないことが多くあるような気がしています」

　それを受けて、片山は、

「では、まずは東京支店を対象としてプロジェクトを進め、そこである程度の方向性が見えてきたら、全国展開に進むというステップはいかがでしょう？　実際、広瀬さんと東京支店の寺尾さんは、同期入社でもあり、とてもよい関係性ができているように思います」と提案した。

　片山からの提案に天野は賛同した。

「いいですね。では、早速東京支店におけるWPL推進プロジェクトを立ち上げてください。広瀬さんにはWPL推進の責任者として東京支店WPL推進プロジェクトのプロジェクトリーダーを務めてもらいたいと思います。ぜひ、東京支店から全社におけるWPL構築につながるものをつくり上げてください。片山さん、いいですよね？」

「もちろんです。広瀬さんなら、適任だと思います。ただ、初めての試みで

すし、広瀬さんと寺尾さんをサポートする役目として、ESG推進部の佐藤さんもプロジェクトメンバーに加わってもらいたいと思います。佐藤さんの上司の西部長には私から話をつけておきますので」

「それはいいですね。3人が協力してWPL推進プロジェクトを進めてもらうのはよい形だ」

　天野の言葉に広瀬は安堵の表情を浮かべた。同時に、「いよいよ始まるんだ」と武者震いにも似た感覚を覚えていた。

STEP 2

ゴール設定
Whatを明確にする

01　WPLパーパスと人財ビジョン

上層部が関わるべきこと

　WPLの現状調査報告会議の後、天野、田村、片山の3名は再び集まっていた。

「田村さん、片山さん、WPL推進プロジェクトはとても期待ができそうですね。これからは広瀬さんたちの世代がこの事業部の未来を担っていくのでしょう。我々は彼らをしっかりと支えていきましょう」

　天野の柔和な表情に、片山もつられて笑顔となった。

「はい。広瀬さんは、早速、東京支店WPL推進プロジェクトの準備に取り掛かっています。頼もしい限りです」

　天野と片山の2人のやり取りを見て田村は、「では」と口を挟んだ。

「広瀬さんがプロジェクトの準備を進めてくれている間に、我々がやるべきことを進めましょう。彼女から提言があった通り、私たちの言葉で『WPLパーパス』や『人財ビジョン』を明確にする必要がありますよね」

　田村の指摘に、片山も頷いた。そして、こう続けた。

「WPLパーパスや人財ビジョンは、WPLを考える上での大きな基盤です。ここは寺尾支店長だけに任せるのではなく、他の支店長たちの意見もしっかりと聞いて決めていくのはいかがでしょうか」

　天野は即座に「いいですね！」と賛同し、「田村さんはどう思われますか？」と尋ねた。

「賛成です。東京支店だけのスコープで捉えると寺尾さんがWPLパーパスや人財ビジョンを独自に決めればいいのですが、このプロジェクトは今後営業本部全体に広げていくことを視野に入れている。全支店長6人を集めて、皆で考えたいと思います。ここはWPL推進の肝になるところなので、彼らを巻き込むのであれば、今のタイミングがベストかと。寺尾さんも他の支店長の考えに触れることで、今回の東京支店でのパイロットプロジェクトを進めやすくなるでしょう」田村は意気揚々と答えた。

田村は、納得すると行動が早い。営業本部長に就いて5年。これまで自分の全てをそそいできた営業本部において最後の大仕事になるかもしれない。そんな意気込みも加わっているようだった。

3週間後には、田村主導で『支店長ワークショップ』が開催され、片山はファシリテーターとして協力し、広瀬と佐藤もオブザーバーとして参加した。

短期と長期の視点で考える

田村は緊張と期待で胸が高鳴る中、重厚な会議室の扉を開けた。中にはすでに6名の支店長たちが座っており、彼の入室と同時に一斉に顔を向けた。田村は支店長たちの正面に立ち、ゆっくりと深呼吸をした。今日は未来に向けた共通のWPLパーパスと人財ビジョンを形成するための重要な一日だ。

「皆さん、今日は忙しい中、ワークショップに参加いただき、ありがとうございます」田村が話し始めた。
「私たちはこの複雑で不確実な時代に、営業部門が持続的に発展していけるようにこの『WPL推進プロジェクト』を始動させようとしています。これまで、営業部隊として業績を重んじて、徹底した施策の実行と人づくりを行ってきました。皆さんの尽力に本当に感謝しています。ただ、現在、危機に瀕しているのも事実です。これまでの延長のみで物事を考えていると目標の達成が難しくなるであろうことが予測できます。だからといって悲観的になる必要はありません。今日に至るまで天野さんをはじめ皆で議論を重ねてきました。そして、今こそ営業人財の育成そのものを変えていくタイミングであると考えました。今日は、皆さんと意見をぶつけ合って、私たち営業本部のWPLパーパスと人財ビジョンをつくり上げて、新しい未来に進みたいと思っています」

田村の言葉に室内は静まり返った。支店長たちは、田村の力強い言葉に圧倒されながらも、何かが始まることへの期待感を胸にしていた。

片山は、WPLの考え方、これまでの議論内容や東京支店で現状調査した

結果などの概要を簡潔に説明した。その上で、片山のファシリテーションのもと、2つのグループに分かれ、WPLパーパスと人財ビジョンに関する意見を重ねていった。

　中日本支店の宮本支店長は、寺尾と同様に熱心に人財育成に取り組んでいる1人。彼女の中で人財ビジョンは、ただのお題目ではなく、実際に社員が成長していくために極めて重要なことだと感じ、積極的に発言をしていた。中四国支店の本田支店長は長年の経験から、組織やチームが一貫した方向性を持つことの重要性を痛感していた。若い社員が進むべき方向を見失い、モチベーションを下げる姿を何度も見てきた彼は、WPLパーパスが明確であれば、それが強力な推進力となると感じていた。東京支店の寺尾支店長も積極的に意見を出し、グループを引っ張っていた。

議論が進む中で、大阪支店の渡辺支店長が手を挙げた。

「WPLパーパスや人財ビジョンを考えることはもちろん大事だと思うのですが、今の業績から考えると、未来に向けての人財育成などと悠長なことを言っている場合ではないようにも思います。もっと直接的に業績にインパクトを出せる新しい営業手法の開発とかのほうがいいのではないかと思ったんですが」

　会議室内は一瞬で沈黙に包まれた。渡辺支店長の言葉は、他の支店長たちも感じている疑念かもしれない。

　田村は少し呼吸を整えて立ち上がり、ゆっくりと前方へ歩みを進めた。

「渡辺さん、ありがとうございます。我々にとって業績の向上は絶対的な課題であり、即時アプローチが求められるのは理解しています。一方で、今回の人財育成に関する取り組みは、長期的な視点での業績向上と、組織の持続可能な成長を目的としています。問題解決型の未来人財を育てることで、新しい営業手法やアイデアが現場から生まれやすくなり、結果的に業績向上への新しい道筋が見えてくると私は信じています。変化する市場環境や顧客ニーズに迅速に対応できる人財が増えてほしいとは思いませんか？」

　田村はそこで言葉を切り、渡辺支店長に目を向けた。渡辺支店長は、田村のメッセージを１語１語噛みしめて聞いている様子である。田村は続けた。

「直接的な業績向上を求める取り組みと、人財育成を行う取り組みは相反するものではなく、むしろ相乗効果を生むと考えています。もちろん、即時に業績にインパクトを出すような営業手法の開発も並行して進めていくべきで、そこは営業推進グループがこのプロジェクトとは別に検討してくれています。皆さんの意見も踏まえて、両面からのアプローチを検討し、より効果的な取り組みを模索していきたいと思っています。いかがでしょう、渡辺さん」

　会議室の空気が変わった。渡辺支店長はしばらく考え込んだ後、頷いた。

「なるほど。短期的な視点と長期的な視点、両方を大切にし、バランスよく取り組んでいくことで、より強固な営業組織が築けること、よく理解できました。私は目の前の結果を重視しがちで、経験則から離れられなくて……」

　そう答えた渡辺支店長に対して、ベテラン支店長の本田がコメントした。

「確かにそうですよね。支店長になると、自ずと業績へのプレッシャーが増して、短期的な視点になってしまいます。でも、時代は常に変わっているからこそ、柔軟な思考で取り組みを更新していかないとね。今回の取り組みは、まさにその方向性を示してくれるものだと私は思います」

田村は微笑みながら答えた。

「渡辺さん、本田さん、ありがとう。今回の取り組みは、支店長の皆さんが現場のメンバーに対してどれだけ明確なメッセージを出せるかにかかっています。ここで、こうして議論を重ねることで、力強い自分なりの言葉が紡ぎだせます。一緒に頑張りましょう！」

その後のワークショップも活発に進み、支店長たちは自分たちの想いやビジョンを次々と口にし、白熱していった。最終的には営業部門全体が目指す方向性についての共通認識が生まれた。渡辺支店長の提起した疑問も、新しいビジョン形成において重要な一石となった。

WPLパーパス：職場学習を推進することで、個人と組織の継続的な成長を促す

人財ビジョン：
- 長期的な視点：未来の不確実な状況においても、自律的に学習し、高い志を持って、困難を乗り越えていく未来型人財
- 短期的な視点：現在のビジネスにおいて高い専門性を持つことに加え、他者から学習し、高い目標に挑戦し、高いパフォーマンスを発揮できる人財

そして、この日、田村は改めて感じていた。難しい質問や反対意見でさえも、明確な目標とともにあれば、全ては前に進む力に変わるのだと。新たな未来に対する期待とともに、ワークショップは終了した。

02　プロジェクトの進め方と「職場」の定義

WPLプロジェクトステップ

　広瀬、寺尾、佐藤の3人は、支店長ワークショップ終了後、本社のカフェスペースに集合した。

「今日の支店長ワークショップはすごくよかったですね。僕自身、支店長たちがあそこまで真剣に未来人財のことを語り合っているのを聞いて、うちの会社もまだまだ成長できるなと感じました。いやぁ、ワクワクするねぇ！」

　テンションが高い佐藤に、寺尾も頷きながら、

「そうだよね。ああいう想いを共有する場は、大事だって思ったよ」と言った。

　そんな2人とは裏腹に広瀬の表情は暗い。その様子を見て佐藤は、

「どうしたの、浮かない顔して」と尋ねた。

　広瀬は曇った表情で、

「田村さんがリードして支店長の皆さんが『WPLパーパス』と『人財ビジョン』を示してくれたのはとてもよかったのですが、肝心のプロジェクトの進め方がまだ決めきれていなくて……」と口ごもった。

　それを見て佐藤は「そういうことか」と腕組みをした。

職場を定義するWPLストラクチャ

「では、この『WPLプロジェクトステップ』（図12）を参考にして、プロジェクトを進めていくというのはどうだろう。

　今さらネタバラシですが、事前準備の段階で僕が広瀬さんにアドバイスしたことも、このステップに基づいています。今は、プロジェクトキックオフの準備段階まできたから、まずは『職場』の定義と関係者の整理が必要かもしれませんね」

　佐藤の言葉を広瀬は不思議に思った。職場を定義するとはどういうことだろう。そして、疑問をそのまま佐藤にぶつけた。すると、佐藤は饒舌に、し

図12 WPLプロジェクトステップ

STEP		目的	進め方
STEP 1 **現状と** **課題整理** Whyを 明確にする	**❶-1** 事前調査	人財育成の状況を分析し、WPLの必要性の検討	1. パフォーマンスの観点で、現在と未来像のGAPを確認する 2. 職場学習チェックを行う 3. 2つの分析結果から、WPL推進の必要性を判断する
	❶-2 プレワーク	人財の未来像に向けての、WPLの現状や課題の整理	1. WPLパーパスを仮設定し、現状を項目に沿って整理する 2. 不足していると考えられる情報も整理する
STEP 2 **ゴール設定** Whatを 明確にする	**❷-1** プロジェクト キックオフ	「職場」の定義を明確にした上でのプロジェクトの開始	1. プロジェクトの対象となる「職場」を定義する 2. 「職場」における主人公と関係者を整理する 3. プロジェクトの全体スケジュールを検討する
	❷-2 WPL キャンバス作成	WPLキャンバスの完成	1. WPLパーパスと人財ビジョンを決める 2. WPL推進の4要素の指標を決める 3. WPLキャンバスを完成させる 4. WPL推進の4指標の事前評価を行う
STEP 3 **施策の** **検討と実行** Howを 明確にし 実行する	**❸-1** WPL 施策プラン	具体的な施策の設計	1. 現時点のWPLの実践度をチェックする 2. WPLキャンバスを実現するための各施策をWPLアクションマップで検討する 3. 施策案をマクロスケジュールに落とし込む
	❸-2 詳細設計 コンテンツ開発	WPL施策の設計とコンテンツを開発	1. スケジュール化した各施策について、それぞれの実施計画を組む 2. 各施策のコンテンツ開発を行う
	❸-3 施策実行	各施策の実行とトラッキング	1. プランに基づき関係者向けのワークショップなどを行う 2. 各施策の実行状況をトラッキングする
STEP 4 **評価と** **ネクストアクション** プロジェクトを 振り返る	**❹-1** 評価	プロジェクト評価と今後の課題・アイデアの整理	1. 施策実行後の4指標の評価を行い、インパクト分析を行う 2. プロジェクト報告を行う
	❹-2 次への展開	次のプロジェクトへの展開の決定	1. 評価に基づき、プロジェクトの継続性を検討する 2. 評価に基づき、プロジェクトの横展開を検討する

かし、混乱する広瀬にもわかりやすいように説明した。

「WPLのプロジェクトって、プロジェクトのスコープとしての職場を定義することが大切なんだ。どの範囲（レイヤー）までを考えるのかに加えて、

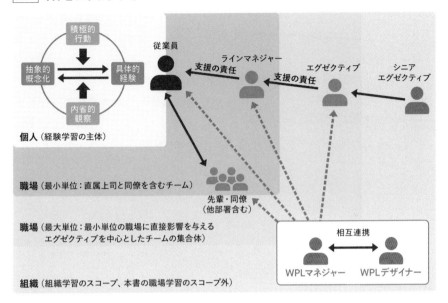

図13 WPLストラクチャ

育成対象者が誰で、その対象者に影響を与える人は誰かなど、職場学習を動かすための役割を明確にしておかないと、後々、誰が何のために何をやっているプロジェクトなのかがわからなくなってしまう。だから、この『WPLストラクチャ』（図13）を参考にしながら、それぞれの役割を誰が担うのかを明確にしておくことが大切なんだよね」

佐藤の説明に2人は「なるほど……」と感嘆の声を漏らした。
「確かにこのストラクチャで関係者を整理すると、対象とする職場が定義できそうね。これに基づくと、今回は、従業員が営業担当者、ラインマネジャーが営業マネジャー、そして、エグゼクティブが支店長である寺尾さんということになるわよね」
佐藤は続けた。
「基本的には、従業員を中心に考えて、その上司とその上位上長までを1つの職場と考えると、実際のプロジェクトでの役割や責任が明確になって、施

策までつなげていきやすくなるよ」

「あの……、このWPLデザイナーやWPLマネジャーってなんですか？」と
広瀬は尋ねた。

「プロジェクトを推進するためには、WPL全体をデザインすることとエグ
ゼクティブと二人三脚でプロジェクトを推進することの2つの役割が必要で
しょう。前者を行うのがWPLデザイナー、後者を行うのがWPLマネジャー
ということになるかな。今、その2人分の仕事を広瀬さんが1人で進めてい
る！　かなりすごいことだよ！」

　佐藤の言葉に広瀬は後退りした。

「いやいやいや！　佐藤さん、WPLマネジャーやWPLデザイナーは私たち
2人のことよね!?」

「確かに、この2つの役割は大事だよね。よろしくね！」と寺尾が微笑みな
がら言った。

03 キックオフミーティング

プロジェクトメンバーのアサイン

　広瀬、寺尾、佐藤の３人は、「WPLプロジェクトステップ」と「WPLス
トラクチャ」を基にプロジェクトの詳細を詰め、「プロジェクト計画書」（図
14）の作成に取り掛かった。

　はじめに、広瀬はこの３人での会議の方法について提案をした。

「今後、私たち３人が定期的にミーティングを行う際は、対面での会議を基
本としたいんだけどいいかな。お互い忙しいから、情報共有や簡単なすり合
わせはオンラインでいいと思うんだけど、ディスカッションや意思決定は膝
を突き合わせて対面で行うほうがいいと思うの。どうかしら？」

　寺尾も佐藤も広瀬の提案には、「賛成！」と答えた。

図14　プロジェクト計画書（東京支店WPL推進プロジェクト）

プロジェクトの目的	• 東京支店において、自社の未来人財を育成するためのWPL環境を構築する
プロジェクトの目標	• 年末までに、東京支店におけるWPL環境改善のための指標を明確にし、それに対する施策を実行する
プロジェクトのスコープ（対象とする職場）	• 職場：東京支店に属する各営業所 • 育成対象者：東京支店に属する各営業担当者 • ラインマネジャー：東京支店の各営業マネジャー • エグゼクティブ：東京支店長
プロジェクトスポンサー	• 田村営業本部長、片山事業企画部長
プロジェクトメンバー	• プロジェクトリーダー：広瀬（事業企画部） • メンバー：寺尾支店長（東京支店）、佐藤（ESG推進部）、木下営業マネジャー、橋本営業マネジャー 　※広瀬、寺尾、佐藤の3名はWPL推進チームメンバー
プロジェクト会議の頻度	• プロジェクト全体会議：1回／月（必要に応じて、個別ワークショップを実施） • WPL推進チーム会議：2回／月（プロジェクト会議の前後）
主なプロジェクト成果物	• WPLキャンバス（完成版） • WPL4つの要素の重要指標及びそのアセスメント結果 • WPLアクションマップ及びそれぞれに必要なコンテンツ • WPL実行ダッシュボード • WPLプロジェクト最終報告書

プロジェクトチーム

プロジェクトリーダー
広瀬グループマネジャー

メンバー	
寺尾支店長	佐藤担当部長
木下営業マネジャー	橋本営業マネジャー

続いて、佐藤が口を開いた。

「今回のプロジェクトには、メンバーとして、数名の営業マネジャーをアサインしてほしいと思うんだけど、寺尾さん、誰か適任者はいませんか？」

「それなら、木下さんと橋本さんがいいかな」と寺尾が答えた。

　広瀬は頷きながら続けた。

「木下さんと橋本さんなら、以前実施したマネジャー研修でも部下育成について熱心に話されていたし、協力してくれそう！」

　寺尾から2人の営業マネジャーの許諾をもらい、早速5人でのキックオフミーティングを開催した。プロジェクトリーダーの広瀬から背景・目的、WPLグランドデザインの考え方、今後の進め方などを伝えた。

4つの重要指標を設定する

　無事にキックオフを終え、広瀬、寺尾、佐藤の3人で今後のプロジェクトについて打ち合わせを行った。

　広瀬は目を輝かせながら楽しそうにキックオフを振り返った。

「寺尾さんの『WPLパーパス』や『人財ビジョン』に関する語りはよかったわ。寺尾さんが皆で未来人財を育てようという思いを込めてWPLパーパスや人財ビジョンを語ってくれたからこそ、木下さん、橋本さん、両営業マネジャーにもしっかりと伝わって、やる気になってくれたと思う」

　寺尾は広瀬の言葉を嬉しそうに受け止めて、「とんでもない。まだまだだよ」と頭を掻いた。どんなに役職が上がっても、この謙虚さは寺尾の魅力である。

「この間の支店長ワークショップで田村営業本部長がされた発言の影響が大きいかな」

　寺尾のこの言葉に広瀬はやや真面目な表情を取り戻し、頷いた。

「そうね！　今日の会議で提示した通り、『WPLキャンバス』のWPLパーパスや人財ビジョンは明確なので、次のステップでは、そこに向かうための4つの要素（『未来人財要件』、『従業員の行動』、『ラインマネジャーの行動』、

『エグゼクティブの行動』）についての指標を決めて、施策を実行していけば
いいのよね」

　広瀬の言葉に耳を傾けていた寺尾だが、「そういえば」と資料を手にして、
指をさしながら言った。

「少し気になったんだけど、今回のWPLキャンバス（**図15**）は、前回の事
前調査の時のWPLキャンバス（現状把握）（**図11**）とは、少し違うね」

　広瀬は頷いた。資料を取り出して、指し示しながら寺尾に解説をした。

「WPLキャンバスはあくまでWPLを構造的に考えるためのフレームで、前
回は、事前調査だったので、現状把握メインの内容にしていたけど、これか
らのプロジェクトにおいては、WPL4つの要素である、未来人財要件、従
業員の行動、ラインマネジャーの行動、エグゼクティブの行動における『重
要指標』を設定することにしたわ。そのため、このWPLキャンバス（**図
15**）でドラフトした項目に関して、それぞれ指標化を議論できればと考え
ているの」

　寺尾は資料と広瀬の顔を交互に見ながら「いいねぇ」と言って続けた。

「かなり整理がしやすそうだね。このフレームのおかげでやることが明確に

図15 **WPLキャンバス™（重要指標の設定）**

✳ **WPL パーパス**	職場学習を推進することで、個人と組織の継続的な成長を促す
🚩 **人財ビジョン**	長期的な視点：未来の不確実な状況においても、自律的に学習し、高い志を持って、困難を乗り越えていく未来型人財 短期的な視点：現在のビジネスにおいて高い専門性を持つことに加え、他者から学習し、高い目標に挑戦し、高いパフォーマンスを発揮できる人財

Ⓜ 未来人財要件

考える力	聴く力	決める力	動かす力

🔗 **ラインマネジャーの行動** 部下の学習支援	✨ **従業員の行動** 経験学習マインドセット	🌱 **エグゼクティブの行動** 職場学習環境づくり
成長支援　　自律支援 内省支援	学習志向　　批判的内省 自主的挑戦　　仕事の意味	心理的安全性　　挑戦的仕事 仕事のやりがい　越境コミュニティ

なったね。ただ、各指標に関して、何か参考になるものがないと決めづらいかもしれないな」

　広瀬は寺尾の的確な指摘に頼もしさを感じた。

「うん。今日は提示しなかったんだけれど、各要素について、どういった指標で整理をしたらいいか、佐藤さんと話し合って準備を進めているの。次の会議からは、プロジェクトメンバーで各項目における主要な指標を仮置きしながら、議論ができるといいなと思ってるよ」

　広瀬の話を受けて、佐藤も寺尾に向き直った。

「僕のほうでは、いろいろと調べながら各要素についての指標づくりを試みているところなんだ。当日に、それぞれの指標候補リストみたいなものを提示できたらイメージが湧くかなと」

　寺尾は「さすが！　２人は仕事が速くてすごいね！」と手を叩いた。

04　WPL4つの要素❶「未来人財要件」

　広瀬たち5人のプロジェクトメンバーは、「未来人財要件」を検討するためのプロジェクト会議を行った。

　広瀬はこのプロジェクトにおいて、現場の声を反映しながら物事を決めていく難しさを痛感していた。

「考える力」「聴く力」「決める力」「動かす力」

　会議終了後、会議室に残った広瀬、寺尾、佐藤の3人は振り返りを行い、今後の進め方を相談することとした。

　広瀬はコーヒーカップを傾けながら、2人に問いかけた。

「今回の会議、どうだった？」

　最初に口を開いたのは佐藤だった。

「想定していた以上に、目指すべき未来人財要件を決めることは簡単ではなかったね。営業マネジャー2人にプロジェクトに入ってもらったのはよかったけれど、これまで製品知識や売る技術といった、テクニカルスキル中心の育成をしてきた営業マネジャーにとって、長期的な未来も見据えてのノンテクニカルスキルを含めた人財育成を考えることは、ハードルが高かったかな」

　それは、広瀬自身も感じていたことだった。

「確かに……」

　そこに寺尾が口を挟んだ。

「いや、僕は今回の内容は悪くなかったと思うよ。結果として、長期および短期的なビジョンで捉えても、ノンテクニカルスキルが肝となるという方向でまとまっていったし。ただ、橋本さんから指摘があった通り、まだ実際にノンテクニカルスキルを重視した人財育成ができているわけじゃないから、あくまでも仮置きして進めるのがいいと思う。不具合が出たら修正していく

という柔軟なアプローチで。ちょっとでも前に進んだらよしと考えようよ」

寺尾のこの発言に、「確かに。いわゆるアジャイル型ってやつだね」と佐藤も深く頷いた。改めて資料を見返しながら寺尾は、広瀬のほうに向き直った。

「僕は、今回のプロジェクトに参加しているマネジャーたちが、アジャイル型で物事を決めていく取り組みを経験したこと自体にも価値があると思っているよ。今回、広瀬さんが、未来人財要件を考える軸として、『考える力』『聴く力』『決める力』『動かす力』の４つのカテゴリーを提案してくれたこと、それぞれの要素における候補スキルをリストアップしておいてくれたことで、不確実な中でも必要だと思われる優先度の高いものを８つ仮置きできたと思う」

肩を落としていた広瀬は、やや笑顔を取り戻し、
「お二人にそう言っていただけると、少し安心します」と小さく言った。

そして寺尾は思い出したように「それはそうと」と切り出した。
「僕としては、『プロジェクトに参加している自分たちだけでなく、支店の他の営業マネジャーともこの未来人財要件について目線を合わせたほうがいいんじゃないか』という木下さんの指摘が気になっているんだけど。広瀬さんは、どう思う？」

広瀬は寺尾のこの問いに迷いながら答えた。
「確かに木下さんの意見は理解できるし、それが理想なんだけど、全てのマネジャーにプロジェクトに入ってもらうことは現実的ではないんじゃないかな」

広瀬の言葉に共感するように、寺尾も口を開いた。
「僕も全員をプロジェクトに入れるつもりはないよ。だけど、マネジャー全員の意見や視点は大切にしたいんだ。だから、営業マネジャー７人全員を集めた会議で僕がプロジェクトの目的やビジョンを共有して、必要なスキルについて話し合おうと思う。その結果を基に、プロジェクトメンバーで未来人財要件を決めてはどうだろう。そうすれば、プロジェクトに入っていないマ

ネジャーたちの意見も反映できる。それに、今後の展開を考えると今のうち
に巻き込んでおいたほうがいいと思う」

　佐藤は寺尾のこの言葉に、「賛成！」とおどけて手を挙げてみせた。

　次のプロジェクト会議では、寺尾が実施した営業マネジャー会議での意見
を反映させて未来人財要件の1 stドラフトを完成させた（図16）。

図16　未来人財要件の指標（例）

	カテゴリー	スキル	設問
1	考える力	仮説思考	未知の状況や複雑な問題に遭遇した時、利用可能な情報をもとに合理的な推論を形成し、その推論を検証する過程を通じて、解決策を導き出すことができる
2		問題解決	複雑な課題や障害を効率的に克服するための論理的かつ創造的な思考を行い、実用的な解決策を導き出し、実行に移すことができる
3	聴く力	質問	対話や討議の中で、適切なタイミングと方法で質問を行い、より深い理解を促進することができる
4		傾聴	相手の話を中断したり、自分の意見を押し付けたりせず、相手が真意を伝えやすいように共感を示すなど話しやすい環境をつくり、相手の立場に立って話を聞くことができる
5	決める力	目標設定	上位目標を踏まえ、それを達成する道筋を定め、適切な目標を、自分自身やチームに対して設定できる
6		説明責任	自分の行動や決定、その結果に対して責任を持ち、必要に応じて理由や動機を透明性をもって理解しやすい形で説明することができる
7	動かす力	アサーション	自分の意見やニーズを積極的に伝えつつ、相手の感情や権利も尊重し、自己と相手の主張をバランスし、自己表現を行うことができる
8		リーダーシップ	困難な状況においても決断力を持ち、変化に柔軟に対応し、個人やチームの方向性を見いだし、関係者と協力して共通の目標に向けて成果を導き出すことができる

05　WPL4つの要素❷「従業員の行動」と❸「ラインマネジャーの行動」

経験学習モデルを回す仕組みを理解する

　広瀬は、次の会議のアジェンダとインプットコーナーで用いる説明スライドを作成しており、それを寺尾と佐藤に相談するために、3人の会議を招集した。

「次回の会議の目的は、皆さんに『経験学習モデル』を中心とした従業員とラインマネジャーの行動を理解して、その重要性に気づいてもらい、その上で2つの指標を検討すること。アジェンダとスクリプトをつくってみたの。今からスクリプト通りに話すから聞いてもらっていい?」

　寺尾と佐藤は「おー、広瀬塾だね!　よろしくお願いします!」と、拍手で迎えた。

　広瀬は、早速スライドを表示し、話し始めた。

次のプロジェクト会議
目的:WPL4つの要素②「従業員の行動」と③「ラインマネジャーの行動」

【アジェンダ】
　13:00 〜 17:45　(東京支店　第1会議室)

　セクション1　インプット
　　①経験学習モデル
　　②経験学習マインドセット
　　③部下の学習支援
　　④質疑応答

　セクション2　指標の検討
　　⑤営業担当者の行動「経験学習マインドセット」の指標を検討する

⑥営業マネジャーの行動「部下の学習支援」の指標を検討する

セクション3　ラップアップ（ネクストアクション）

18：00 〜懇親会（別会場）

スクリプト①　経験学習モデル（図17）
　皆さん、新しいお客様との商談やプレゼンをする時、結果がよくなかった場合、何が原因だったか考えますよね？　また、成功した時には何がよかったのかを分析します。これが実は「経験学習」の一環です。
　例を使ってこのモデルを説明しますね。
「具体的経験」：新商品のプレゼンをお客様に行いましたが、結果的に契約に至りませんでした。
「内省的観察」：商談後、なぜ契約に至らなかったのか考えます。もしかすると、お客様のニーズや疑問に答える部分で準備が足りなかったのかもし

図17 経験学習モデル

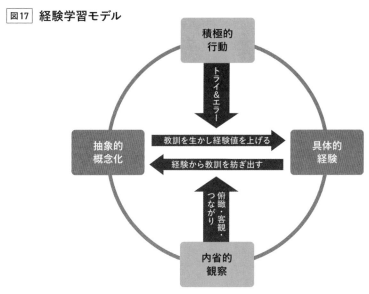

参考文献：David A.Kolb (1984)

れません。

「抽象的概念化」：次回からは、お客様の業界やニーズに合わせた資料の用意や、より具体的な商品の利点をアピールする方法を考えます。

「積極的行動」：次の商談では新しいアプローチでプレゼンを行い、その結果を確認します。

　このサイクルを繰り返すことで、商談やプレゼンのスキルが徐々に上がり、成功率も向上していきます。過去の商談やプレゼンの結果を基に、どうすればもっとよくなるのかを考え、アクションを起こす。これが経験学習の魅力です。

　WPLの推進において、営業担当者一人一人の経験学習モデルが効果的に回り、成長を遂げていくことが重要なポイントになります。

スクリプト②　経験学習マインドセット（図18）

　経験学習モデルを効果的に回す、つまり、学びや成長を促進させるためには、いくつかの心の持ち方や考え方が役立ちます。

　まず、「学びたい」という意欲や気持ちです。これは「学習志向」と呼ばれ、新しいことを学びたいという欲求があれば、さらに効果的に学べるようになります。

　次に、自分の行動や考え方を振り返ること。これを「批判的内省」といい、自分の普段の考えや行動に疑問を持つことで、さらに深い学びや理解へとつながります。

　さらに、自分から新しいことに挑戦したいという気持ちも大切。これを「自主的挑戦」といいます。挑戦的な仕事を自ら経験するということは、ストレッチゾーンに自ら身を置くことになり、新しい学びが促進され、成長の機会が増えます。

　最後に、「仕事の意味」を感じること。自分の仕事に意味や価値を見いだすことで、やる気や動機が生まれ、業務へのコミットメントが強くなり、学びや成長の原動力となります。

　これらの心の持ち方や考え方を意識し、取り入れることで、学びや成長を

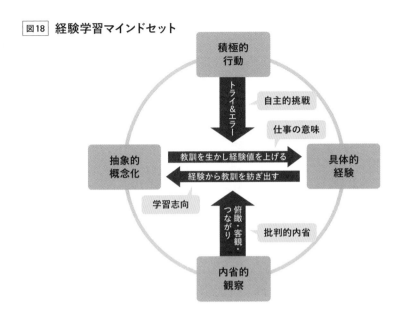

図18 経験学習マインドセット

効果的に進めることができるのです。

　皆さんの部下を思い浮かべてみると、すでに、こういった「経験学習マインドセット」を持ち合わせていて、自律的にこのサイクルを回している営業担当者はいませんか？

スクリプト③　部下の学習支援（図19）

　次は、「部下の学習支援」についてです。我々の目標は、部下が自律して自己成長を遂げ、活躍できるよう支援することです。

　まず、「成長支援」から説明します。これをうまく行うには、部下の学びたいという意欲を引き出すことが重要です。具体的には、コーチングを通じて、部下の考えを傾聴し、適切な質問で彼らの「学習志向」を促進します。これにより、彼らは自身の可能性を最大限に引き出すことができます。

　次に、「自律支援」です。ここでは、部下が自ら決断し、行動できるようサポートします。権限を委譲し、彼らに仕事の意義を理解させることが鍵で

図19 経験学習マインドセットとラインマネジャーが行う部下の学習支援の関係性

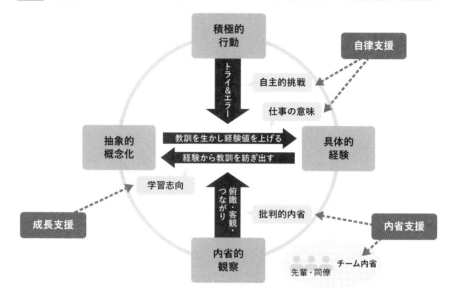

す。これにより、彼らは自分の仕事に対する動機付けが強まり、より自律的に働くようになります。経験学習マインドセットのうち特に「自主的挑戦」と「仕事の意味」を高めるでしょう。

そして、「内省支援」です。部下が自分の行動や経験を深く振り返り、そこから学ぶことを助けます。自己反省（批判的内省）を促し、チーム全体での振り返りを活性化させることで、個人だけでなくチームの成長にも寄与します。

重要なのは、これらの支援を長期的な視点で見ることです。今日行う支援が、数年後に実を結ぶことを念頭に置いてください。その時には自分の部下ではなくなっているかもしれないけれど、部下の成長を真剣に願い、継続的に支援しましょう。それが私たちマネジャーの使命と思って！

広瀬が説明し終わると、寺尾がすぐに感想を話し始めた。

「すごくわかりやすかったよ、さすが広瀬さん！ 特に、最後の、営業マネジャーに向けたメッセージ、ぐっときたよ。そうなんだよね。上司が行う部下の育成ってパワーが要るし、なかなか部下にはその想いが伝わらないんだけどね。このあたりは、会議の後の懇親会でも盛り上がりそうな話だね。僕は内容的にはいいと思うよ」

　寺尾の話に佐藤が続いた。

「いいよね！ こんなスクリプトは僕には書けないよ。つい、堅苦しくなっちゃうから。これなら、営業マネジャーたちにも伝わると思う。経験学習モデルを中心にして、経験学習マインドセットと部下の学習支援の３つが全てつながっているものなんだってことを理解してもらえるといいよね」

　続けて寺尾が何かひらめいたように語り始めた。

「経験学習モデルはWPLのエンジンとも言えるよね。そして従業員の経験学習マインドセットは燃料。良質な燃料であればエンジンは効率よく動く」

　佐藤は大きく頷きながら応じた。

「それいいね！ さらに言うと、上司が行う学習支援はオイルの役割に相当するってこと？ 外側から良質なオイルを注いであげられれば、より経験学習が効果的に回りそうだよね」

「確かに」と寺尾は１人で納得したようにメモを取りながら頷いていた。広瀬は、そんな２人の会話に少し入りづらそうに発言した。

「営業マネジャー時代のことを振り返ってみれば、私は部下に対して、オイルの役目をしているつもりでも、牽引車のように部下を強く引っ張っていたかもしれないわ……」

「広瀬の牽引車か〜。営業部隊を率いるリーダーとしては、業績を達成するために、時として強く牽引することも必要なんじゃない？ だけど、大事なのは部下の自主性を尊重し、マインドセットを醸成することってことだね」と寺尾が温かくフォローした。

「ありがとう。その通りね。会議アジェンダ後半の２つの指標決めの進め方なんだけど、これは佐藤さんと事前に話して、ある程度のものはできているの。当日は、それを提示して、営業マネジャーの意見も取り入れて、完成させたいと思ってるわ」と広瀬は言った。

寺尾は「そっか、そこは頼りにしてるよ。いつも本当にありがとね。じゃ当日もよろしくね」と言って、立ち去った。

行動に移すための指標を検討する

広瀬は、東京支店の会議室に集まった4人のメンバーを見渡し、会議を開始した。

「それでは、皆さん、アジェンダに沿ってインプットコーナーを始めますね」

広瀬は、モニターの横に立ち、笑顔で話している。

インプットコーナーは、事前に準備されたスクリプトを使って進行された。木下、橋本両営業マネジャーは、頷きながら説明を聞いていて、その理解が深まる様子が見て取れた。会議室の空気は、集中と積極性に満ちていた。

休憩後、広瀬は落ち着いた様子で会議の後半に移った。

「次は、従業員の行動『経験学習マインドセット』の指標について考えていきましょう」

広瀬が提示した指標ドラフト（図20）に対し、木下営業マネジャーが手を挙げた。

「これらの項目は理解できます。部下たちが、このような取り組みに納得感を持ってもらえるようなアプローチをしたいのですが、指標の項目を決定する前に、彼らの意見を聞くことは可能ですか？」

真剣な表情で木下は質問した。広瀬はしっかりと木下と目を合わせて答えた。

「いい提案ですね。たとえば、自律的に経験学習モデルを体現している営業担当者からフィードバックを得るのが効果的かと思います。彼らが普段どのような価値観で動いているのかを知ることで、項目の検証もできそうですね」

この広瀬の提案に木下が頷き、橋本も加わって、

「では、私も現場の意見を集めてみます」と応じた。

図20

図20 経験学習マインドセットの指標（例）

	カテゴリー	設問
1	学習志向	新しいスキルと知識を獲得する機会を求めている
2		リスクがあっても、自分の能力を高めることが重要だと考えている
3		高いレベルの能力が必要とされる場面で活躍することを望んでいる
4	批判的内省	自分の行動を振り返り、別の方法を検討することを好む
5		自分の行動を振り返り、自分の行動が改善できたかどうかを確認する
6		自身が固く信じていた考えについて、自ら覆すことができる
7	自主的挑戦	興味ある仕事であれば、積極的に協力者や参加者になることを申し出ている
8		仕事に余裕がある時、新しいプロジェクトを始めるチャンスだと考えている
9		仕事の内容をより理解し、より挑戦的な仕事になるように工夫している
10	仕事の意味	自分の仕事にどんな意味があるのかよく理解している
11		自分の仕事が自身の個人的な成長にもつながっていると考えている
12		自分の仕事が世の中にとって価値のある変化を起こすと信じている

　広瀬は、彼らの協力的な姿勢に感謝の意を表し、

「ヒアリングの結果はメールでお知らせください。その後、経験学習マインドセットの指標をブラッシュアップします」と答えた。

　次に「部下の学習支援」の指標（**図21**）に移ると、橋本営業マネジャーが意見を述べた。

「インプットコーナーでの部下の学習支援の話は非常に納得がいきました。ただ、内省支援の解釈については少し難しさを感じています。これはチーム内での話なのか、個人との1対1の面談を指すのか、そのあたりが明確でないように感じました」

　広瀬は共感を込めて応えた。

「その点については、確かにそうですね。少し補足をすると、内省支援の4つの設問のうち、上2つは主にチーム内での振り返りを導くイメージで、下2つは個人の内省を促すイメージで設定しています。そして、それらを組み合わせることで、より効果的な内省支援が期待できると考えています。チー

図21 部下の学習支援の指標（例）

	カテゴリー	設問
1	成長支援	部下の改善点について率直なフィードバックを行っている
2		部下のアイデアを発展させるための相談相手になっている
3		問題解決につながるように、部下の創造的思考を促している
4		継続的に成長することが成果につながると部下を勇気づけている
5	自律支援	部下に責任の範囲を明確に伝えている
6		ゴール、課題、取り組みについて、部下とよく話し合っている
7		部下にチーム内での仕事に対する権限を与えている
8		部下が新しい選択肢を模索し、挑戦してみることを奨励している
9	内省支援	部下同士の自由な発言を促している
10		部下同士が対等な立場で振り返りを行えるように導いている
11		会社のビジョンなど、大きな方向性を示して、部下の振り返りを導いている
12		部下と事業や仕事の目的や目標を確認しながら振り返りをしている

ム内省は、上司以外の他者から客観的な意見がもらえたり、新しい視点をもたらしてくれたりしますよね。そういった観点からも指標を作成しました」

　広瀬の説明に納得したのか、橋本は頷きながら「それならば理解できます！」と答えた。

　会議の最後に広瀬は次のアクションを整理し、皆の協力に感謝の意を示した。
「本日は長時間、有意義な議論をありがとうございました。次回のプロジェクト会議で今日の２つの指標をFIXしたいと思っています」

　プロジェクト会議の後、広瀬たち５人は懇親会を開催した。木下も橋本も話が弾んでいる。寺尾はこれから本格的に始まる東京支店のWPL推進プロジェクトに希望を見いだしているようだ。懇親会は笑顔と共感で溢れ、心温まる楽しい時間となった。

06 WPL4つの要素❹ 「エグゼクティブの行動」

　広瀬、寺尾、佐藤は、「WPLキャンバス」をつくり上げるための最後の要素であるエグゼクティブの行動「職場学習環境づくり」については、これまでのような東京支店でのプロジェクト会議の形ではなく、営業本部長の田村、事業企画部長の片山も交えて、5人でディスカッションする場を持つこととした。そのようにしたのは、この要素がエグゼクティブの責任で行うものであり、今後の他支店への展開のことも視野に入れたほうがいいと考えたからだ。田村の意見は必須だろうという片山からのアドバイスもあり、広瀬がセッティングした。

職場学習環境づくりの指標を決める

　広瀬はまず、これまでに東京支店のWPL推進プロジェクトメンバーと決めた3つの指標、「未来人財要件」「経験学習マインドセット」「部下の学習支援」に関する報告を行った。その上で、寺尾、佐藤と一緒に考えてきた4つ目の要素である職場学習環境づくりの指標を提示した（図22）。

　その説明を受けて、田村が口を開いた。

「短期間でよくここまでまとめたね。お疲れ様。プロジェクトメンバーで決めた3つの指標、資料を見ましたが、内容としてもいいんじゃないでしょうか」

「ただ」と、田村は広瀬の目を見て野太い声で尋ねた。

「4つ目の職場学習環境づくりの指標のところで1つ質問なんだけど」

　広瀬は、田村からの質問に対して少し身構えた。

「学習環境として、『心理的安全性の提供』『挑戦的仕事の提供』『仕事のやりがいの醸成』『越境コミュニティの提供』の4つの指標について項目を設定して、これらに対する組織的な取り組みを検討することを、エグゼクティブ、つまりは寺尾支店長の責任として推進するということですか？　寺尾さ

図22 職場学習環境づくりの指標（例）

	カテゴリー	設問
1	心理的安全性の提供	職場では、失敗が学びや成長の機会として活かされている
2		職場では、直属上司の提案や意見に対して自由に考えを述べられる
3		職場では、自分たちのアイデアを企画し実行する機会がある
4		職場では、上司も部下が学習している内容を学習している
5	挑戦的仕事の提供	職場では、新しいことに挑戦したり、戦略的な変革を起こす機会がある
6		職場では、多様な職責（複数の責任ある仕事）を担う機会がある
7		職場では、多様な関係者と連携して、業務を効果的に推進する職責を担う機会がある
8		職場は、組織を代表して、定期的に人前で発表するような機会がある
9	仕事のやりがいの醸成	職場は、自分の仕事の意義と目的を感じることができる場所である
10		職場は、仕事に対する熱意を持つことができる場所である
11		職場は、自分の仕事に誇りを感じることができる場所である
12		職場は、うまくいかないことがあっても、常に粘り強く取り組もうと思える場所である
13	越境コミュニティの提供	職場では、部署を越えたつながりにより、他者と学びを交換する機会がある
14		職場では、部署を離れて、社内の別の職場環境で仕事をする機会がある
15		職場では、社外のコミュニティ（勉強会や研究会など）に参加し、学びを得る機会がある
16		職場では、社外の異なる文化を持つ組織への出向や兼業の機会がある

んとしても、同じ認識ですか？」

　寺尾は田村のほうを向き、答えた。

「はい。実際、私の支店に当てはめて考えた場合も、この４つの指標はいずれも必要になると考えています。ただし、全ての指標を私一人の責任でカバーすることは難しいので、状況によって、田村さんや片山さんにも相談しながら進めさせていただきたいと思っています」

　寺尾の言葉を聞いて、片山が静かに手を挙げて

「具体的にはどういった部分に難しさを感じているんですか？」

と尋ねた。

　寺尾は穏やかな口調で、片山の問いに答えていく。

「心理的安全性の提供や仕事のやりがいの醸成については、私の行動や営業

マネジャーへのコーチングで推進できると感じています。一方で、挑戦的仕事の提供や越境コミュニティの提供を考えると、新しいポジションや他部門との関わり、そして社外とのつながりも必要かと思います。これに関しては、支店を越えた話にもなるので、田村さんや片山さんにも相談して進めていく必要があります」

　田村は「ううん」と唸りながら、寺尾の説明を聞いていた。そして、重々しく口を開いた。

「寺尾さんの考えは理解できましたが、今回のプロジェクトにおいて東京支店を職場のスコープとして考えたのであれば、支店を越えた話になる可能性がある挑戦的仕事の提供や越境コミュニティの提供は、スコープ外なのでは？」

　田村の渋い顔つきに、会議室に重苦しい空気が流れた。その瞬間、佐藤が「少しいいですか」と話し始めた。

「この議論は私たち３人の中でもあったんです。ただ、やはり、これからの時代には、イノベーティブな人財を育成するために挑戦的仕事の提供や越境コミュニティの提供のような新しい機会が必要ですよね？」

　佐藤の説明に、片山は頷いた。ただ、田村は、「理想はわかるんだが……」と、まだ納得していない様子だ。すかさず広瀬が田村に寄り添うように問いかけた。

「田村さんは、最初はスコープを広げすぎず、なるべく小さなことからトライしたほうがよいと思われているんでしょうか？」

　田村が「まぁ、そうだね。寺尾さんの負担も大きくなるだろうし、他支店との兼ね合いもあるからね」と答えた。

「そうですよね。そこは寺尾さんとも相談していたところです。少なくとも初年度は、心理的安全性の提供と仕事のやりがいの醸成の２つに焦点を絞ります。挑戦的仕事の提供や越境コミュニティの提供については、田村さんに相談させていただきながら、現場の進捗を見て進めようかと思います」

　寺尾が続いた。

「はい。広瀬さんの言う通りです。ただ、ゆくゆくは着手したほうがよいと思いますので、田村さんにはどこかのタイミングでご相談させていただきた

いです」

　その様子を見て田村も、

「こういった新たな取り組みは、急ぎすぎてもダメだし、タイミングを逃してもダメ。ただ、私は、トップダウンで無理に突き進むのはやめたくてね。あくまでも現場主導というところは大切にしたいんだ。では、議論を進めようか」

と本題に入るように誘ってくれた。広瀬は胸をなでおろした。

　田村の号令のもと、東京支店の職場学習環境づくりの指標についての具体的な議論がスタートした。そして、2時間の議論の末、1stバージョンが完成した。

07 プロジェクトのゴール決定 〜 WPLキャンバスの完成

4つの指標の注力点を導き出す

　WPLに関する全ての指標のドラフトを完成させた広瀬たちは、それら指標の施策実施前のスコアを出し現在地を確認するために、アンケートを作成し、東京支店全7営業所で実施した。

　会議室に3人で集まり、コーヒーを飲みながら、広瀬はこれまでの激動の日々を思い起こし、感慨にふけっていた。
「ようやく全ての指標が決まり、それぞれの現状のスコアを見える化することができたわ！」（**図23**）
　広瀬の言葉に寺尾も頷いた。
「こうやって整理をすると、各指標について、営業所毎にどのような状況なのかが理解しやすいね」と晴々とした声で言った。
「ところで、この4指標のサマリーにある考察って、広瀬さんと佐藤さんがまとめたんだよね。このサマリーの仕方にポイントはある？　今後のために僕も理解しておきたいと思って」

　寺尾の疑問に佐藤は「そうですね」と解説を始めた。寺尾は熱心にメモを取りながら、「ふん、ふん」と聞いている。
「当然、各スコアの高低はチェックするけど、施策前なので全体的に数値は低め。特に注目したいのは、赤丸を付けた営業マネジャーと営業担当者の評価に出ているGAP。このGAPの原因を探ることで新しい気づきが得られるかと思う。その上で、それぞれの指標の関係性についても解釈していくって感じかな」
　佐藤の説明に、寺尾は「なるほど」とつぶやいた。
「この東京第2営業所のシートはわかりやすいね。これを見ると営業担当者のマインドセットとして、『学習志向』や『批判的内省』に課題があり、そ

図23 WPLプロジェクト　4指標のサマリー（営業所別Before値）

職場名	東京第2営業所
営業マネジャー名	木下営業マネジャー
支店長名	寺尾支店長

❶ 未来人財要件

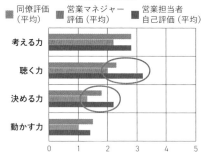

同僚評価（平均）　営業マネジャー評価（平均）　営業担当者自己評価（平均）

考える力
聴く力
決める力
動かす力

0　1　2　3　4　5

❷ 営業担当者の経験学習マインドセット

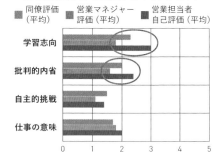

同僚評価（平均）　営業マネジャー評価（平均）　営業担当者自己評価（平均）

学習志向
批判的内省
自主的挑戦
仕事の意味

0　1　2　3　4　5

❸ 営業マネジャーが行う部下の学習支援

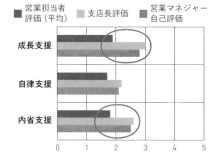

営業担当者評価（平均）　支店長評価　営業マネジャー自己評価

成長支援
自律支援
内省支援

0　1　2　3　4　5

❹ 支店長が行うWPL環境づくり

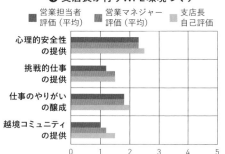

営業担当者評価（平均）　営業マネジャー評価（平均）　支店長自己評価

心理的安全性の提供
挑戦的仕事の提供
仕事のやりがいの醸成
越境コミュニティの提供

0　1　2　3　4　5

総合コメント（考察）

◆営業所全体として、WPLキャンパスの4要素全てにおいて低い水準にある。

【未来人財要件】
「聴く力」や「決める力」で営業マネジャーと本人のGAPが大きい。

【経験学習マインドセット】
「学習志向」と「批判的内省」において、本人と営業マネジャーの評価にGAPが見られる。

【部下の学習支援】
- 「成長支援」と「内省支援」において、本人と営業マネジャーの評価にGAPが見られる。
- 上記のことから、上司による1on1やコーチングの取り組みに改善を促すことで、営業マネジャーと本人との間のGAPを解消することが望ましい。

【WPL環境づくり】
- 「動かす力」については、一貫して低水準にあるが、WPL環境として「挑戦的仕事」や「越境コミュニティ」がほとんどないことが大きく影響していると想定されるため、今後の課題として検討が必要である。

れに対応するように、営業マネジャーの『成長支援』や『内省支援』に課題があるように見えるね」

　広瀬も寺尾と同じ部分に引っかかっていた。

　寺尾と広瀬の2人の様子を見て、「さて！」と佐藤が手を叩いた。
「それでは、この営業所別のサマリーを見ながら、今回のプロジェクトとしての『WPLキャンバス』のゴール設定まで進めてしまおう」

　広瀬は「そうね！」と明るく答えた。

「WPLキャンバスで東京支店としての重要指標やプロジェクトゴールをまとめるにあたって、全ての営業所の結果をそのまま反映することは難しいと思っていて。佐藤さん、何か考えるべきことはある？」

　佐藤は資料を広げて、「まずは……」と説明を始めた。こういう説明をする時の佐藤は特にイキイキしている。

「それぞれ個別の営業所のサマリーから、支店として共通の施策を見いだせる部分もあるけど、個々の営業所の状況に合わせることも大事。常に個々の裁量に任せる部分を残しながら、この後の取り組みにつなげていくとよいと思うよ」

　佐藤の説明に、寺尾と広瀬も頷いた。そして、「そういった意味では、さきほどの東京第2営業所のサマリーで見られた営業担当者と営業マネジャーの間のGAPは、他の営業所でも同じように見られるね」と寺尾が続いた。佐藤と寺尾の会話を聞きながら、広瀬はこれから自分が進んでいくべき道が見えた気がした。

「他の点でも同様のことはないかを精査し、今回のプロジェクトで優先的に取り上げるべきことを記載していくとよさそう。そして、どの指標の成長を目指すか、またプロジェクト期間内にどこまで到達するかを、現実的に考えていく」

　佐藤も広瀬の方向性に同意した。そして、やる気に満ち溢れた声でこう続けた。

「うん。そうしないと、今回のプロジェクトでどの点にフォーカスして施策を打つのかが不明瞭になってしまうからね。では、もう少し議論して、

WPLキャンバスを完成させてしまおう！　そして次は、いよいよ具体的な施策の検討に入るよ！」

その後、3人は時間の許す限り議論を続け、4つの指標の注力点と1年後のゴールを決めたWPLキャンバス（注力する指標とプロジェクトゴールの決定）を完成させた（**図24**）。

図24 **WPLキャンバス（注力する指標とプロジェクトゴールの決定）**

🧭 WPLパーパス	職場学習を推進することで、個人と組織の継続的な成長を促す
🚩 人財ビジョン	長期的な視点：未来の不確実な状況においても、自律的に学習し、高い志を持って、困難を乗り越えていく未来型人財 短期的な視点：現在のビジネスにおいて高い専門性を持つことに加え、他者から学習し、高い目標に挑戦し、高いパフォーマンスを発揮できる人財

🏔 未来人財要件

〈重要指標〉

考える力	聴く力
決める力	動かす力

● 20XX年は、「聴く力」と「決める力」を成長させることを目指す

〈プロジェクトゴール〉

20XX年度末までに
● 「聴く力」について、各評価者の評価平均が3点を超える営業担当者の割合を15%以上にする
● 「決める力」について、各評価者の評価平均が3点を超える営業担当者の割合を10%以上にする

🕸 **ラインマネジャーの行動** 部下の学習支援	✨ **従業員の行動** 経験学習マインドセット	🤲 **エグゼクティブの行動** 職場学習環境づくり
〈重要指標〉 **成長支援**　**自律支援** **内省支援** ● 「成長支援」における評価者間のGAPを解消し、より高いスコアが得られるか ● 「内省支援」における評価者間のGAPを解消し、より高いスコアが得られるか	〈重要指標〉 **学習志向**　**批判的内省** **自主的挑戦**　**仕事の意味** ● 「学習志向」における評価者間のGAPを解消し、より高いスコアが得られるか ● 「批判的内省」における評価者間のGAPを解消し、より高いスコアが得られるか	〈重要指標〉 **心理的安全性**　**挑戦的仕事** **仕事のやりがい**　**越境コミュニティ** ● 「挑戦的仕事」や「越境コミュニティ」のスコアに影響を与えうる新しい取り組みを始められたか
〈プロジェクトゴール〉 20XX年度末までに ● 「成長支援」の各評価者の評価平均が3点を超える営業マネジャーの割合を30%以上にする ● 「内省支援」の各評価者の評価平均が3点を超える営業マネジャーの割合を20%以上にする	〈プロジェクトゴール〉 20XX年度末までに ● 「学習志向」の各評価者の評価平均が3点を超える営業担当者の割合を20%以上にする ● 「批判的内省」の各評価者の評価平均が3点を超える営業担当者の割合を15%以上にする	〈プロジェクトゴール〉 20XX年度末までに ● 「挑戦的仕事」や「越境コミュニティ」に関する組織的な取り組みの必要性を含め精査し、シニアエグゼクティブに提案する

STEP 3

施策の検討と実行
How を明確にし実行する

01　WPL実践度チェック

ベストプラクティスを議論の呼び水にする

　広瀬、寺尾、佐藤のコアメンバー3人は、次の東京支店WPL推進プロジェクト会議において、「WPLキャンバス」で設定したゴールに向けての施策を検討するために準備を進めていた。いよいよ実行に落とし込む段階にまで到達したのである。広瀬が口を開いた。

「次のプロジェクト会議では具体的な施策について検討を進めたいと思うんだけど、何か気になることはある？」

「こういうプロジェクトの経験が僕も営業マネジャーたちもないので、『施策を考えましょう』と言われても、アイデアが出ないんじゃないかと心配なんだよね」と寺尾は不安を口にした。

「それなら『WPL実践度チェック』（**図25**のブランクフォーマット）を使えばいいんじゃないかな。事前に、営業マネジャーの皆さんに回答してもらって、その集計したデータを参考にしながら、議論するのはどう？　これは、一般的に職場学習の施策としてよいと言われているベストプラクティスについて、自社の実行度を測定することができるシートなんだ。これが全てではないし、あくまで議論をスタートする上での呼び水として使ってね」

　寺尾は、佐藤のこの解説に、「なるほど、いいね！」と声を弾ませた。

「ちょうど明日会議があるから、営業マネジャーたちに自己評価をしてもらうよ。その結果も参考にしながら、次回のプロジェクト会議の中で、東京支店に最適な施策を検討しよう」

　広瀬は、寺尾の言葉に深く頷いて、「ありがとう。ぜひそうしましょう」と続けた。

　翌日、寺尾は営業マネジャー全7名にWPL実践度チェックをしてもらった。そのデータをもって、広瀬たちは次のプロジェクト会議で具体的な施策について検討を進めることとした。

図25 WPL実践度チェック（東京支店）

対象	カテゴリー	施策	営業所 A	B	C	D	E	F	G	優先度	メモ
（育成対象者）従業員	振り返りの支援	①振り返りを促すツール（シート）の活用	1	1	1	1	1	1	1	★	あったほうがよさそうという意見大
		②上司による定期的な1on1実施	3	2	3	2	2	2	2	★	業務・業績に関する面談は行われていたが、学習に重きを置いた1on1は不十分そう
	多角的な育成支援	③キャリアと紐づけた経験付与（挑戦的な仕事の付与や部門横断型プロジェクト経験など）	2	1	2	1	1	1	1		まずは、①②に着手し、追って③④を加えていくとよさそう
		④職場メンバーと振り返る場の提供	1	1	1	1	1	1	1		
（上司）ラインマネジャー	上司の育成スキル向上支援	⑤部下育成に関する指南書の提供	1	1	1	1	1	1	1	★	属人的になってしまうので、何かしらガイドは欲しいという要望大
		⑥部下育成力向上のための研修実施	2	2	2	2	2	2	2		概念的なことよりも、実践的なことに対するニーズあり
		⑦部下育成に関する上司同士の情報共有の場の提供	1	1	1	1	1	1	1	★	今後はこういった場が欲しいという声が多い
	上司の育成スキル評価支援	⑧部下育成力の評価の実施	1	1	1	1	1	1	1		部下育成に注力することへの支援や評価（人事考課との紐づけ）に対するニーズは高い。評価やモニタリングする仕組みは今後絶対に必要。
		⑨部下に対する上司の育成力に関するサーベイ実施	1	1	1	1	1	1	1		
（上位上長）エグゼクティブ	上位層による支援	⑩エグゼクティブによる上司に対する部下育成の指導（上司のマインドセットと評価）	1	1	1	1	1	1	1		まずは、⑦に着手し、追って個別対応も加えていく
		⑪上位層（エグゼクティブ・シニアエグゼクティブ）による育成・学習に対する強いメッセージ発信	2	2	2	2	2	2	2	★	活動開始時には、改めて営業担当者に対してメッセージを出す必要あり

02 WPLマクロスケジュールへの 落とし込み

通常業務とのすり合わせが不可欠

　東京支店でのWPL施策を検討するプロジェクト会議を終えて、広瀬の リードのもと、いつものように、広瀬、寺尾、佐藤の３人は会議の振り返り を行った。

　まずは、佐藤がプロジェクト会議の感想を語った。 「具体的にイメージできる実行施策の議論だからか、木下さんと橋本さんは、 いつも以上に積極的に意見を述べてくれて、いい場となったね」 「今回、議論に使った『WPLアクションマップ』（**図26**）もとてもよかっ たわ」と広瀬も感想を述べた。

　寺尾も笑顔で広瀬に続いた。 「そうだね、僕も思っていた以上に、営業マネジャーの２人が意見を出して くれて安心したよ。具体的なツールがあると議論は進むよね。ただ、実際に 実行フェーズになったら、『やっぱり忙しい』とか、『そもそも何でこれやる んだっけ？』とかいろいろと意見が出てくるんだよね」 　広瀬はこの寺尾の指摘にハッとした表情で答えた。 「確かに。こういうリスト（**図26**）があると、全てが実現可能でうまくい くような錯覚に陥っちゃうから気をつけないとね。現場の状況を見ながら柔 軟に支援していけるようにしないとね」 　寺尾は大きく頷き、続けて広瀬に言葉をかけた。 「話は変わるけどさ、現場側の立場としては、『WPLマクロスケジュール』 （**図27**）の整理もとてもいいアプローチだったと思うよ。

　実際、我々の立場では、常にビジネスを動かしながらこのWPLのことを 考えていくわけだから、現状のビジネススケジュールと合わせて整理するこ

図26 WPLアクションマップ

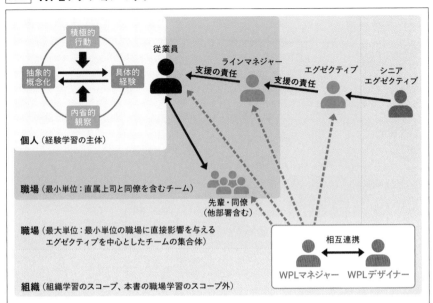

アクションリスト

	誰が	誰に	何を	いつ
❶	営業マネジャー	営業担当者	1on1（経験学習振り返りシートを用いる）	4月〜　2週に1回
❷	WPLマネジャー	営業マネジャー	WPL実践ガイドの提供	4月
❸	WPLマネジャー	営業マネジャー	WPL実践ガイド活用ワークショップ with 支店長	4月
❹	WPLマネジャー	営業マネジャー	WPL振り返りワークショップ with 支店長	6月、9月、12月、3月
❺	WPLマネジャー	営業担当者	WPLワークショップ with 営業マネジャー&支店長	5月
❻				
❼				
❽				
❾				
❿				

Off-JTリスト

	誰が	誰に	何を	いつ
A	WPLマネジャー	営業担当者と営業マネジャー	未来人財要件を学ぶ　eラーニング	12月以降
B	WPLマネジャー	営業担当者と営業マネジャー	経験学習マインドセットについて学ぶ　eラーニング	10月以降
C	WPLマネジャー	営業マネジャー	上司向け育成支援　eラーニング	10月以降
D				
E				

図27 WPLマクロスケジュール（東京支店）

WPLスケジュール	4月	5月	6月	7月	8月
事業サイドの マクロスケジュール	業務面談（営業マネジャー×本人）　30分　1回／月 営業所会議（各営業所）　終日　1回／月 営業責任者会議（営業マネジャー×支店長）　終日　1回／月 支店会議				半期業績評価
WPL施策	1on1（営業マネジャー×本人）　30分　1回/2週 　　営業マネジャー対象WS　　　　営業マネジャー対象 　　　　　　　　　　　　　　　　　振り返りWS 　　　　営業担当者WS				
コンテンツ準備	WPL実践ガイド WPL4指標 評価シート　　経験学習 　　　　　　　シート				
トラッキング＆ アセスメント		月次トラッキング：① 1on1面談の実施レポート（営業マネジャーが入力） 　　　　　　　　　　　　　　　　　営業マネジャー 　　　　　　　　　　　　　　　　　インタビュー 　　　　　　　　　　　　　　　　　営業担当者 　　　　　　　　　　　　　　　　　インタビュー 事前評価（2月）　　　　　　　中間評価（8月） WPL4要素の指標　　　　　　「経験学習マインドセット」 　　　　　　　　　　　　　　「部下の学習支援」のみ			

※注釈　WS＝ワークショップ

とで施策が形骸化しなくていいと思った。さすが広瀬。現場感をわかってるよ！」

　広瀬は寺尾の言葉に、「ありがとう、役に立ててよかった。WPLの施策は、普段の業務と並行して進めるから職場でのビジネスの動きとのすり合わせは必要不可欠。施策の計画や実行は、柔軟に進めていくことが大切だと思う。今回もこのスケジュールに固執しすぎることなく、定期的に見直しを行っていけるといいわね」と笑顔で次への課題も口にした。

「そう考えると……」と佐藤が言葉を挟んだ。

「途中で予定している中間評価のタイミングで、その後の施策を再検討できるといいね」

　寺尾も、広瀬と佐藤の言葉に「いいね」と返し、「ちょうどそのタイミングで業績評価を行っているから、ビジネスとWPLの両側面から見て、施策

	9月	10月	11月	12月	1月	2月	3月
		支店会議					期末業績評価
	営業マネジャー対象 振り返りWS			営業マネジャー対象 振り返りWS			営業マネジャー対象 振り返りWS
			上司向け 育成支援 eラーニング				
		経験学習マインドセットを学ぶ eラーニング			未来人財要件を学ぶ eラーニング		
② 1on1面談へのフィードバック（営業担当者が入力）							
						最終評価（2月） WPL4要素の指標	

やその実行スケジュールについて柔軟に決めていこう」と朗らかに言った。

「ところで、寺尾さん、ノートに何をまとめているの？」広瀬が気がついて声をかけた。

　寺尾はこれまでにつくってきた４枚のまとめ資料の役割とそれぞれの関係性をノートにまとめていた。

戦略的な WPL マネジメントのための4つの資料

図28 **WPLプロジェクトのプロセス**

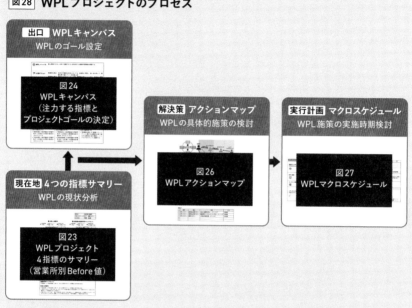

❶WPLキャンバス

プロジェクトの出口を示す、まさにコンパスのような存在。

❷4つの指標のサマリー

職場の現在地を示す、ダッシュボードのような存在。

定期的に各指標を見ながら方向性を決定していく。

❸WPLアクションマップ

営業担当者、営業マネジャー、支店長の3者の関係性と具体的な施策の関わりを示す。

❹WPLマクロスケジュール

年間のWPL関連施策におけるスケジュールの全体が見渡せるもの。ビジネススケジュールも含める。

ノートを覗き込んだ広瀬は、「すごくわかりやすい！　こうして4枚揃っ
たことで、戦略的なWPLマネジメントをしてると言えそうだわ」と言った。
　寺尾は嬉しそうに答えた。
「まさにそういうこと！　迷わずに現場主導で動き出せると思ってね。結局
やっていることって、問題解決のアプローチそのものなんだよね」
　その後、広瀬は、さまざまな施策の実行に向けて準備をスタートした。

03 営業マネジャー向け 「WPL実践ガイド」

迷った時の「道しるべ」

　広瀬と佐藤は営業マネジャーの指南書となる「WPL実践ガイド」の制作を進めていた。次回のプロジェクト会議ではこのドラフト案を提示する予定であり、2人はランチミーティングを行って議論を深めていた。

　広瀬が、大好物のエビグラタンを食べながら佐藤に向かって話しかけた。「WPL実践ガイドには、どんな内容を盛り込んだらいいと思う？　営業マネジャーたちは人事部主催のコーチング研修やリーダー研修は受講済みでしょう？　そういう一般的な部下育成みたいな内容だったら要らないわよね」

　佐藤は、ハンバーグをモリモリと食べながら答えた。「うん、そうだね。ガイドは、WPLの考え方や経験学習モデルにフォーカスを当てた内容にすることが必要だね。未来人財要件に向けて、意図的に職場でどのように人財育成していくか、たとえば1on1の進め方などを具体的に紹介することができると、特徴をしっかりと出せるよね」

　広瀬は、エビグラタンを食べていたフォークを皿に置いて言った。「やっぱりそうよね。これまでだって属人的だったかもしれないけど、上司たちもコーチングをしてきた。問題は、それらが意図的で、効果的だったかということ。自分たちが若い時にやってもらった経験がないから、イメージつかないわよね」

「そりゃそうだよね」

　広瀬は何かをひらめいたのか、食事を忘れてメモを取り始めた。

「WPL実践ガイド」の内容案

....

- WPLとは何か
- WPLパーパスや人財ビジョン（「WPLキャンバス」より）
- 未来人財要件（ノンテクニカルスキルとは？）
- 経験学習マインドセット
- 営業マネジャーの役割（部下の学習支援について）
- 1on1の手法（ノンテクニカルスキルを向上させる）
- チーム学習
- ....
- ....

「広瀬さん、WPLマネジャーの風格が出てきているね～。さすがだね！」

　佐藤は大げさにほめて広瀬を茶化しつつも、内心では広瀬の成長ぶりを喜んでいた。

「ところでそれ、冷めちゃうよ。食べないならさげてもらおうか」とグラタン皿をさした。

「ダメ！　最後まで食べるから！」と広瀬は皿を自分のほうへサッと寄せてフォークを持った。

　その後、広瀬はWPL実践ガイドのドラフトを作成し、寺尾や佐藤、そして上司の片山の意見も聞きながら、修正を重ねていった。さらに、プロジェクト会議でメンバーの意見も取り入れブラッシュアップしていった。そして、完成したWPL実践ガイドの活用を推進するためのワークショップの準備へと取り掛かった。

04　営業マネジャー向けワークショップ

　広瀬は、「WPL実践ガイド」を活用した営業マネジャー向けワークショップをどのように行うべきか考えていた。寺尾からは、ワークショップの運営については一任されている。

　「実は、私なりに『WPLワークショップ計画書』（**図29**）をドラフトしてみたんだけど、見てもらってもいい？」広瀬は佐藤に1枚の資料を渡した。

　佐藤は「おお！　よくここまでつくったね。すごいね！」と驚きの声を漏らした。
「私が研修を検討する際に使っている『研修設計書』をアレンジしてみたの」
　広瀬の嬉しそうな表情を見て、佐藤も思わず笑顔になった。

　広瀬と佐藤は、WPLワークショップ計画書を基に、支店長の寺尾、営業本部長の田村、事業企画部長の片山への説明を行った。そして、予定通り、営業マネジャー向けワークショップを実施した。

プロジェクトへの理解を深め、モチベーションを高める
　会議室は営業マネジャー7人、そして広瀬、寺尾、佐藤の合計10人ではぼ満員になっていた。部屋の中にはほどよい緊張感が漂っている。一人で資料を読み込んでいる者もいれば、数人で話をしている者もいる。

　真ん中の大きなホワイトボードの前に立つ広瀬は、WPL実践ガイドを手に静かに深呼吸をした。
「皆さん、お忙しい中、集まっていただきありがとうございます」と広瀬が挨拶を始めると営業マネジャーたちが顔を上げた。そして広瀬は笑顔で続け

図29 WPLワークショップ計画書

WPLワークショップ計画書

氏名：広瀬、佐藤

WSタイトル	営業マネジャー対象　WPL実践ガイド活用ワークショップ		
WS概要	営業マネジャーが一堂に会し、ディスカッションを重ねる中で、「WPL実践ガイド」の内容を深く理解し、今後展開するWPL支援策のキーアイテムである1on1のやり方をイメージし、明日からの実践に活かせるような場である。	WS実施の背景	東京支店においては、未来人財要件として、「聴く力」と「決める力」を成長させることを目指している。その実現に向けて、WPLキャンバスに基づく検討を行ったところ、営業マネジャーの育成能力の向上が重要な要素として特定された。現在、東京支店WPL推進プロジェクトでは、「WPL実践ガイド」を作成したところであり、営業マネジャーによる「WPL実践ガイド」の活用を確実、かつ、より効果的なモノにするために、ワークショップを実施することとした。
研修日	20XX年4月25日（木）		
ファシリテーター	広瀬、寺尾		
参加者	対象者：東京支店 営業マネジャー7名 オブザーバー：佐藤		

目標とゴール設定

WPL4要素との関係性	☐ 未来人財要件 ☐ 従業員の行動：経験学習マインドセット ☑ ラインマネジャーの行動：部下の学習支援 ☐ エグゼクティブの行動：職場学習環境づくり	プロジェクトゴール	20XX年XXまでに ・「成長支援」の各評価者の評価平均が3点を超える営業マネジャーの割合が30％以上にする ・「内省支援」の各評価者の評価平均が3点を超える営業マネジャーの割合が20％以上にする
関係性の説明	「WPL実践ガイド」をベースとして部下育成について、営業マネジャー同士によるディスカッションを深めることで、ラインマネジャーが行う部下の学習支援の「成長支援」や「内省支援」のスキル向上を図る。	WSのゴール	①「WPL実践ガイド」を活用した部下の学習支援について理解する ②WPL実践に向けた不安や疑問を解消する ③1on1をすぐに実践するマインドを持つ

方略

WSの全体像	4月上旬 WPL実践ガイド配布 ➡ 4月25日 ワークショップ実施 ➡ 4月26日 ワークショップ実施後アンケート ➡ 4～6月 1on1の実践 ➡ 6月上旬 営業マネジャー振り返りWS
事前準備	・「WPL実践ガイド」を事前に一読し、納得できた点、よくわからなかった点などをメモしてくる ・今回のプロジェクトを通じて育成を目指す営業担当者のスキルやマインドセットの現状について、事前に調べてくる

当日のレッスンプラン

時間	セッションのタイトル	内容	セッションの目的	担当
9:30～9:45	オープニング	WSの目的やWPL実践ガイドの意義	WPL実践ガイドを通じた取り組みの方向性を理解する	広瀬（寺尾）
9:45～10:00	支店長メッセージ	なぜWPL？ 未来人財とは？	未来人財を育成する意義を理解する	寺尾
10:00～11:00	WPL実践ガイド解説	WPL実践ガイドのインプットと質疑応答	WPL実践ガイドへの理解を深める	広瀬（寺尾）
11:00～11:15	休憩			
11:15～11:45	グループワーク①	未来人財要件や経験学習マインドセットについて議論する	1on1の目的や学習支援するスキルやマインドセットについて深く理解する	広瀬（寺尾）
11:45～12:15	グループワーク②	1on1のイメージをつくる	具体的な1on1の方法を考え、その障壁となることへの解決策も検討する	広瀬（寺尾）
12:15～12:30	ラップアップ	よりよいWPLに向けての宣言	WSのまとめとして、明日からの行動の宣言をする	広瀬（寺尾）

フォローアップ	・WS実施後1週間以内に、営業マネジャー全員からのアンケートによるフィードバックを得る ・6月実施の営業マネジャー対象振り返りWSにて、WPL実践ガイドを活用した1on1などの実施状況を確認する

た。
「今日は事前にお配りしていたWPL実践ガイドについてお話ししたいと思います。まず、寺尾支店長よりメッセージをいただきます」

　寺尾の示したスライドには「なぜWPLなのか？」というタイトルが映し出された。今回のオープニングメッセージも力強く、営業マネジャーたちにも想いや趣旨が伝わったようで、大きく頷いて聞いている。順調な滑り出しだ。

　広瀬は寺尾からバトンを受け取り、現在の会社業績や営業現場の人財育成状況、業務フローなどと新しいWPL実践との関連性やWPLの進め方などをガイドに基づいて丁寧に説明していった。
「これによって部下の成長が速まり、皆さんのマネジメントももっと効果的になると考えています」
　一旦話を止めると、広瀬は参加者たちの顔を見回した。プロジェクトメンバーとして参加していた木下、橋本が頷きながら聞いてくれているのが心強い。数人の営業マネジャーはガイドに興味を示しているようだ。
　しかし、加藤営業マネジャーが苦々しい表情をしている。と、加藤が懸念を口にした。
「広瀬さん、私たち、すでに現在の業務で手一杯なんです。新しい取り組みを導入する時間なんて、全くないと思っています」
　広瀬は、その意見を受け止めるように頷きながら言った。
「加藤さん、その気持ちはよくわかります。実は、このWPL実践ガイドは皆さんの忙しさを軽減させるための一つの手段にできないかという視点からも検討し、つくっています」
「どういうことですか？　ガイドがあれば業務が減るってことですか？」と加藤はまだ怪訝な顔をしている。
　広瀬は微笑みながら答えた。
「確かに、そう容易いことではないとは思っているのですが……。このガイドは、部下が自律的に考え、行動する力を養成するための手引きです。長期

的に見れば、部下自身が、自律的に問題を発見・見える化し、その問題に対する解決策や新しい提案をしてくれるようになるかと。そうすれば、皆さんの業務負担も減少していくと思います。ここに書いてあるような話を部下の皆さんとも共有していただけると、彼らが将来マネジャーになった時にもきっと役立つと信じています」

会議室に静寂が流れた後、木下営業マネジャーが手を挙げて言った。

「私は、試す価値はあると思います」

木下営業マネジャーはプロジェクトメンバーとして、先行してガイドの内容に沿って部下との1on1を実践し、ポジティブな変化を感じていた。

「皆さんご存じの通り、私はプロジェクトメンバーとして、この『経験学習振り返りシート』（図30）を用いて、部下2名に対して、1on1を3か月間、1か月に1回の頻度で試してみました。1回目は、部下が書き方がわからないということだったので、私が問いかけながら『経験したこと』『振り返って学んだこと』『トライすること』を一緒に記入しました。これまでの業務の振り返りは、口頭で行うことがほとんどでした。しかし、今回このシート

図30 経験学習振り返りシート　通称：KFTシート

	日付：20XX年X月X日　氏名：●● ●●

ありたい姿：	強化したい未来人財要件 傾聴とリーダーシップ	強化したい経験学習マインドセット 自主的挑戦

K：経験したこと	F：振り返って学んだこと	T：トライすること
Keep **よかったこと、できたこと** ・前回の1on1でトライしようと決めていた、××会議のファシリテーターを買って出たこと。 ・会議前にキーパーソンである▲さんと■さんと事前のすり合わせの場を持てたこと。	・自分の成長のためにも、何事もチャレンジすることは大切なこと。これからも今回の失敗にめげずにトライする！ ❶会議テーマを意思決定し、実行していくにあたってのキーパーソンは事前に洗い出しておくこと。 ❷キーパーソンとは事前にすり合わせを行うこと。 ❸ファシリテーターとしては、あくまでも中立的な立場を守ること。 ❹他の人の発言を決して否定しないこと。 ❺1人で背負いすぎず、場に投げかけること。	次回××会議においてのチャレンジ ・人事のファシリテーション研修（eラーニング）を受講する。 ・今回の教訓❶～❺を意識して、次回もう一度会議ファシリテーターを担う。 ・会議後に上司と一緒に会議ファシリテーションについて振り返りを行う。
Problem **うまくいかなかったこと** ・反対意見が出た時に、他の参加者の意見をうまく拾うことが出来ず、結果的に持論を伝えすぎて、反感を買い、場が変な雰囲気になってしまった。		

があったおかげで、空中戦にならず、２人で内容を整理しながら振り返ることができ、次に向けたアクションも明確になりました」

加藤からの「1on1にはどのくらいの時間をかけたの？」という質問に、木下は、

「初回はおよそ１時間ちょっとでしょうか。ゼロからのスタートですからね。人によっては1.5時間ほど確保しておいてもいいかもしれません。２回目からは、経験学習振り返りシートを基に進められるので、１時間弱でした。慣れてきたらお互い時間がない時は、30分と時間を決めて行ってもいいと思います」と答えた。

加藤も具体的にイメージが湧いたのか、表情が和らいでいくのが見えた。さらに、もう１人のプロジェクトメンバーの橋本が付け加えた。

「私も部下と、このシートを用いた1on1に何度かトライしましたが、部下が自分から話してくれるようになりました。これまで僕が指示を出しすぎていたのかもしれませんが（笑）」

営業マネジャーたちがお互いに頷き合っているのが見受けられた。先行してトライした２人の実体験が心を動かし始めたのだ。広瀬と寺尾は、お互いに目配せして、営業マネジャーたちの合意が得られたことを確認し合った。

広瀬は一度会議室を見渡し、数秒の沈黙ののち、営業マネジャーたちに投げかけた。

「皆さん、新しい挑戦は簡単ではありません。しかし、私たちが一緒に取り組めば、必ず成果を上げることができると信じています。一緒に新しい試みを始めてみませんか」

広瀬の言葉とともに、会議室には前向きな雰囲気が広がった。

その後、並行して準備をしていた、1on1活動の趣旨説明を目的とした「営業担当者向けのワークショップ」も実施した。寺尾支店長の職場では、WPL3.0（参照P19図２）の考えに基づく1on1が開始された。

陥りがちな失敗

　WPL施策を開始して３か月が経過したある日、大阪支店の営業マネジャーたちが集まる支店会議が開催され、広瀬はWPL推進プロジェクトとは別件だが、WPL施策も順調に進んでいて少し余裕もあったため営業推進グループの一員としてオブザーブ参加をしていた。

　会議はつつがなく終了し、その後広瀬はカフェエリアで大阪支店の渡辺支店長と雑談していた。その中で広瀬は渡辺からアドバイスを求められた。
「今日の会議で話されていたけど、営業マネジャーたちは部下の指導になかなか苦労しているみたいだ。もっと効果的な方法はないものかねぇ……？」
「確かに部下指導は難しいですよね……部下の状況やレベル、個性に合わせて指導する必要がありますからね」
と同調しつつも、広瀬にはその答えがあった。東京支店で試している方法を提案すればよいと思ったのだ。
「実は、この４月から東京支店で、経験学習振り返りシートというフォーマットを使った1on1を開始しています。まだトライアル段階ですが、寺尾支店長によると、少しずつ成果が出てきているそうです。田村本部長もこの取り組みを全国展開しようと考えているようですので、渡辺さんの支店にも近々──」

　しかし、そこで広瀬は話を聞いている渡辺の表情が次第に曇っていく様子に気づいた。
「渡辺さん？」広瀬が尋ねると渡辺は少し強い口調で答えた。
「この間の支店長会議では、田村さんからそんな話は聞いていないんだけど、いつ決定されたのかな？　東京支店での独自の取り組みはいいが、支店によって状況は異なる。本部が勝手に決めるのはどうかと思うが」
　広瀬は「しまった」と思った。
「あ、申し訳ありません、そういう意図ではないんです。東京支店での取り組みはパイロットケースに過ぎず、もし大阪支店で導入することになれば、もちろん渡辺さんと相談しながら進めていくつもりです」と訂正したが、渡

辺にはそれが言い訳に聞こえたようだった。そして2人は気まずい雰囲気のまま別れることになった。

　この大阪支店の会議には田村営業本部長も参加しており、その後田村と話をする機会があった渡辺は、広瀬から聞いた話をした。
「田村さん、さっき広瀬さんから聞いたんですが、今東京支店で取り組んでいるような1on1の施策を近々全国展開するんですって？　以前実施した支店長ワークショップの際におっしゃっていた新たな人財育成の取り組みかとは思いますが、具体的な施策を動かす時は事前に私たちの意見も取り入れた上で意思決定してほしいのですが」
　渡辺支店長は、筋が通らないことを特に嫌う人物である。田村もそのことは十分に理解しており、渡辺に限らず、支店長らに対しては、支店全体の責任を背負ってもらっている分、常にこういったことには配慮をし、部門運営をしてきているつもりだ。今回の件も、東京支店での中間評価が出たタイミングで、支店長会議での議題として取り上げ、今後の展開を皆で話し合おうとしていた矢先だった。
「渡辺さん、それは申し訳なかった。東京支店でパイロットを実施していることは支店長会議で伝えていたが、そろそろ中間評価をするタイミングだから、次の支店長会議では進捗報告をした上で、皆の意見を聞こうと思っていたところだった。現場の意見を踏まえずに本部で全国一律の施策を展開しようとは思っていないから、そこは信じてほしい」
と、渡辺の目をまっすぐ見て、田村は真摯に対応をした。
　渡辺も少し感情的になってしまったことを反省し、状況を理解し、その場はうまく収まった。

　田村は、その後、すぐに広瀬と片山にメールを打った。

To 広瀬さん
Cc 片山さん

お疲れ様です。

今日、大阪の渡辺支店長から私にクレームがありました。
広瀬さんから、東京支店で取り組んでいる 1on1 の取り組みを近々全国展開することになりそうだということを聞いたと。

今回の WPL の取り組みは、そもそも職場ごとの個別の状況を大切にするということが鍵だし、どのように全国の支店に横展開するかは、今度の中間評価の結果を踏まえて、慎重に進めていこうと話していたかと思います。

この手の話は、感情論も含みますし、慎重に進めなければいけないと思っています。
今後は、このようなことがないようにご注意ください。

田村

その後田村は、寺尾の耳にも入れておくために、電話で事情を説明した。

　翌朝、広瀬は東京に戻るとすぐに片山に声をかけ、会議室で事の顛末を報告し、今後の対応策を相談した。
　片山は、田村からメールが来たその日のうちに、すぐに電話で謝罪し、事を収めていた。
「田村さんからも事情は聞きました。今回の件は広瀬さんらしくない出来事だったように感じたけど、どうしましたか？」と片山は優しく広瀬に語りかけた。
「はい。本当にすみません。なんであんな話をしてしまったんだろうって、

反省しかありません。冷静になって考えると、恐らく、東京支店でプロジェクトが進み始め、少し手ごたえを感じていて……、安心して気を抜いてしまったのかと。渡辺さんだけでなく、田村さん、寺尾さんや片山さんにもご迷惑をかけてしまって……ああ、プロジェクトマネジャーとして失格です」

　いつも気丈に振る舞い、明るい広瀬もさすがに、今回の件はだいぶ堪えているようだ。

「まぁ、誰だって失敗はするものです。大事なのはその後、どう振る舞うか、どう対応するか。まずは、この後、田村さんに連絡を取って、お詫びに行くことからですね。私も同席しますよ」

「ありがとうございます。そうですよね。田村さんには誠意をもって謝り、今後の対応策をお話しすることにします！」

　気を取り直した広瀬は、すぐに田村にアポイントを取り、謝罪した。今後のプロジェクトの横展開については幹部会議で検討し、支店長会議で議論した上で最終判断することを再確認した。

___

　翌日、広瀬、寺尾、佐藤の３人は会議室に集まっていた。今回の事情を広瀬が２人にメールで連絡したところ、２人から「会って話そう」と提案されたからだ。

　冒頭、広瀬は２人のほうを向き、深くお辞儀をした。
「寺尾さん、佐藤さん、本当に申し訳ありませんでした！　私が渡辺さんにフライングして余計なことを言ってしまって。せっかく東京支店で寺尾さんが努力して進められているのに、今後の展開に波風立てるようなことをしてしまって……」広瀬の誠実さは、寺尾にも、佐藤にも伝わっている。

　寺尾は深いため息の後「まぁ、座ってよ」と広瀬を促した。
「田村さんからは電話で『寺尾、お前何やってんだ。広瀬さんたちと今回の趣旨を理解して進めてるんじゃないのか！　なんで、他支店に先に話しちゃうんだよ！』って、僕が怒られたんだからね。正直その時は腹が立ったよ。広瀬、何やってんだ！　ってさ」

寺尾にしては珍しく、広瀬に真っすぐ不満をぶつけた。

「本当にごめんなさい！　としか言いようがないんだけど……」

　そんな2人の様子を見ていた佐藤が、口を開いた。

「プロジェクトを進めていると、ちょうど今のような少し安定期に入った頃に、こういった出来事が起きやすいんだよね。普段の広瀬さんだったら、全方位に気を配れるはずだけど、気が抜ける瞬間ってあるんだよね。今回は大きなトラブルに至ったわけではないから、よかったと思おうよ。次の展開に向けた1つの教訓を得たわけだしさ。これが、WPL2.0と3.0の違いなんじゃないかな。組織として、本部が決めたことを一斉にド〜ンと全国展開しようとするとうまくいかないよね。だからこそ、"職場ごとに最適化された職場学習"が重要なんだよね」

　言葉を選びながらも、伝えるべきことは伝える。佐藤はいつも冷静だ。こうして客観的に物事を捉え、気づきを与えてくれる。佐藤の話を聞いて、寺尾もいつもの冷静さを取り戻し、続けた。

「確かにそうだね。結局、組織は『人』で成り立っているし、人には感情があるからね、そのことを忘れちゃダメだっていう教訓だよね。ちゃんと支店長の意図も踏まえて個々に展開することが重要だってことが、先に実感できたわけだから、結果的に広瀬さんの失敗は無駄にはならないよね。それにさ、こういうプロジェクトって、きっと広瀬さんみたいに少し踏み込みすぎる位じゃないと変革は起きないのかもね」

「寺尾さん、佐藤さん、ありがとう。今回の失敗を糧にして、WPLを推進するプロジェクトマネジャーとして、一層精進します。今後ともご指導ご鞭撻のほどよろしくお願いします！」

と改まってお辞儀をした。

　3人は笑顔を取り戻し、次のステージに向けて走り出した。

05　プロジェクトの中間評価

これまでの成果を振り返り、今後の施策を見直す

　WPL施策の開始から半年が過ぎようとしていた。広瀬、寺尾、佐藤の3人は中間評価や営業マネジャーと営業担当者へのインタビュー結果を振り返る会を持った。

　「寺尾さん、佐藤さん、おかげさまでWPL施策を始めて半年が経ち、中間評価も完了したわ。寺尾さんや現場の皆さんの協力あってのこと。本当にありがとう！　今日は、これらの結果と今後の方針について話し合いたいと思っているの」

　寺尾が間を置かずに反応した。

「もう半年経ったんだね。でも、多くの取り組みができたという印象はないんだよね……」

　佐藤は「そうだね」と頷きつつも、悲観的に捉えてはいないようだった。

「WPLは、営業活動と並行して進めているので、全ての時間をWPLのために費やすことは難しい。営業活動を疎かにはできないからね。だからこそ、今回の中間評価のような定期的な見直しをあらかじめ設定して振り返ることが大切だよね！」

　佐藤の言葉に寺尾も頷いた。

「それで、結果としてはどうだったの？」と広瀬に水を向けた。

　広瀬は、モニターに評価結果を映しながら話を進めた。

「中間評価なので、WPLの4要素の中から『経験学習マインドセット』と『部下の学習支援』を評価してみたの。たとえば、東京第2営業所のレポート（図31）を見て。経験学習マインドセットでは『批判的内省』のGAPが縮まっていて、特に営業マネジャーは、1on1の実施で部下をより理解する

図31 **WPLプロジェクト中間評価（営業所別）**

職場名	東京第2営業所
営業マネジャー名	木下営業マネジャー
支店長名	寺尾支店長

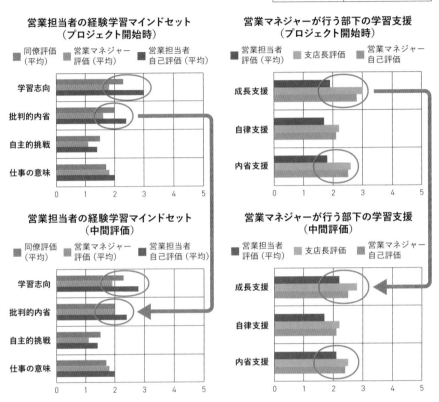

総合コメント（考察）

◆営業所全体として、本人の経験学習マインドセット及び営業マネジャーが行う部下の学習支援について、大きなスコアの変化は見られていない

【経験学習マインドセット】
「学習志向」及び「批判的内省」について、本人と営業マネジャーの評価のGAPが小さくなってきている。
特にプロジェクト開始時に比べて、「批判的内省」において営業マネジャー評価が高まっている傾向が見られている。

【部下の学習支援】
「成長支援」と「内省支援」における本人と営業マネジャーの評価のGAPが小さくなってきている。
「成長支援」においては、営業マネジャーの自己評価スコアがプロジェクト開始時よりも低下しているが、今回のプロジェクト施策を通じて、より適切なコーチングを意識するようになった結果であると考えられる。

ようになったと感じるわ。同時に部下の学習支援では部下からの評価が向上しているのが見受けられる。営業所ごとに特徴はあるものの、これは全体の傾向と言えそう」

広瀬の説明を受けて、「ふん、ふん」と寺尾は大きく頷いた。

「今回のプロジェクトで目指していた部分で、一部変化の兆しが見えたことは大きいね。ところで、部下の学習支援、特に『成長支援』のスコアで、営業マネジャーの自己評価が下がってるんだけど、これはどうしてだろう？」

寺尾の指摘はもっともである。おそらく、田村たちへの報告の際にもこの点は指摘を受けるだろうと、広瀬も予測していた。広瀬は自分なりの考えを述べた。

「実は佐藤さんともこの傾向に気づいて、数名の営業マネジャーに電話で聞いてみたの。彼らからは『自分のコーチングが思っていたより効果的じゃなかったことに気づいた』という声が上がったの。『WPL実践ガイド』を提供した結果、営業マネジャーたちのコーチングに対する意識が変わったってことかと。スコアは下がったけど、その裏にはより深い自己理解があった証だと思う」

広瀬のこの言葉に寺尾はニッと笑顔になった。

「今の話を聞いて安心したよ。それに、営業マネジャーたちがそこまで考えて取り組んでくれていることが嬉しいね。実際に、会議や同行で1on1の話題が増えてきて、未来人財育成に向けた1on1の文化が根付いてきているのを感じるよ」

にこやかな表情となった寺尾に対して、佐藤が続けた。

「そう考えると、初動の半年間は、なかなかよい動きが見られたってことだね！」

すると、寺尾が思い出したように心配ごとを口にした。

「そういえば、２人に相談しようと思っていたんだけど、この間営業マネジャー数名から、評価されることに対する懸念を相談されたんだ。"今回、こうやって評価されているってことは、結局評価して管理しようとしてるのではないか"と。そこは僕も気になっていたことなんだ」

評価といった話の場合には必ず出てくる現場側の懸念だと広瀬は感じた。

このことに対しては、どこかで営業マネジャーや営業担当者たちに話す日が来ると思っていた。

　広瀬は、来るべき日のために事前に用意していたスライドをモニターに表示しながら、丁寧にゆっくりと言葉を紡ぎ出すように話し始めた。

「営業マネジャーたちの懸念は私もよくわかる。私が同じ立場だったらきっとそう感じると思う。だけど、私はこう思うの。評価して管理をするためじゃなく、営業現場の皆さんが自分たち自身で振り返りをして次のWPLのアクションにつなげていくためのものだって。その流れをスムーズに進めていくために私たちが支援しているだけ。今回のように4つの指標で評価を行うのは、あくまでも営業担当者や営業マネジャーに適切なフィードバックをして、個々の成長と組織の発展を支援する手段なんだと。とはいえ、彼らの管理されるのではないかという懸念に対しては、大丈夫だってことをきちんと伝えなきゃいけないよね」

定期的な評価とフィードバックを行う価値

1. 個人の自己認識の向上
　定期的なフィードバックにより、行動や成果に対する自己認識が深まり、自己改善に役立つ洞察が得られます。

2. コミュニケーションの促進
　定期的なフィードバックは、上司と部下の相互理解と信頼構築の機会を提供します。

3. 組織全体のパフォーマンス向上
　評価を通じて強みや改善点を明確にし、目標達成のための具体的行動を促進することで、組織全体としての能力が強化されます。

　寺尾はモニターを食い入るように見て、納得した表情を浮かべ答えた。
「やっぱりそうだよね。僕も質問されたときに、明確に回答できなかったけれど、こうやって改めて広瀬さんが整理してくれたものを見たら納得したよ。

このスライド送ってもらえるかな。これは僕の役割だね。今度の営業マネジャー会議で、改めて話をすることにするよ」

「もちろん！」と広瀬は笑顔で答えた。

「ところで、WPL推進プロジェクトのこの後半年の課題はどうなるんだろう？」と寺尾は続けた。

「1on1やコーチングなどの取り組みに対して不安を感じている営業マネジャーもいるみたい。インタビューでも『管理職になった時の研修だけでは不十分だから、もう一度、WPL3.0実現のための1on1やコーチングを学び直したい』という意見があったわ。こういった意見は大切にしたいから、当初のマクロスケジュールにはないけど、追加施策として『営業マネジャー向けのコーチング勉強会』を検討しようと思うんだけど、寺尾さんどう思う？」

広瀬のこの言葉に寺尾は「それはいいね！　ぜひ」と同意した。さらに「僕も参加して、一緒に学び直したいよ」とまで付け加えた。

広瀬と寺尾の2人のやり取りを見ていた佐藤が、「そういえば、もう1つ気になった点があったんだった」と口を挟んだ。

「営業担当者へのインタビューでは、8割以上の方が今回の取り組みに好意的で、上司との1on1にも意義を感じてくれていた。ただ、一方で、『業務面談との違いがわからない』、『初めての取り組みなのでどう考えていいか上司と一緒に悩むことがある』という声もあったんだ。今回のWPLの取り組みは、未来人財育成というテーマで進めているから、営業担当者にもそのイメージをきちんと持ってもらうことは大切なんじゃないかと思って」

佐藤のこの言葉に、寺尾は再び真剣な顔つきとなって、

「なるほど。出そうな意見ではあるね。どうすればいいだろう？」と続けた。寺尾のこの問いに広瀬が答えた。

「半年間の1on1の実践を通じたこれまでの活動を営業担当者側にも振り返ってもらい、お互いの気づきや課題を共有するために、営業所合同で営業担当者向けの『振り返りワークショップ』のようなものを設けるのはどうかな」

広瀬の提案に寺尾は反応した。

「丁寧に振り返ることは重要だよね。これは前言っていた『チーム内省』にもなるよね。じゃあ、営業担当者向けの振り返りワークショップの設定を検討しよう。そしてもう1つ、営業マネジャーたちのための振り返りワークショップは、もともと定期的に設定できていたけれど、追加して、エグゼクティブの行動『職場学習環境づくり』を振り返るための、僕と営業マネジャーとのワークショップもマクロスケジュールに加えることにするよ」

「うん。コーチング勉強会に加えて、チーム内省を目的としたそれらのワークショップもマクロスケジュールに追加しよう」

　広瀬の意見に、寺尾と佐藤は賛同した。

　打ち合わせの後、プロジェクト会議において、今回まとめたプロジェクト中間報告を共有し、追加の施策を進めることとした。

06　現場の声を聞く（効果的な1on1）

　WPL推進プロジェクトが開始されて8か月が経過した頃、広瀬、寺尾、佐藤の3人は居酒屋にいた。和のテイストが感じられる温かみのある半個室は広瀬のチョイスで、テーブルにはビールやおつまみが並び、3人はリラックスした様子で談笑している。

　広瀬は改まった感じで乾杯の音頭をとり始めた。
「寺尾さん、佐藤さん、これまでのご支援ありがとうございました。おかげさまで、職場学習支援のプロジェクトは順調。今日は、私のお・ご・りですので、好きなものドンドン頼んでね。それでは、かんぱーい！」
「では、遠慮なくいただきます！　とはいえ、広瀬さんから頼まれたからやっているんじゃなくて、僕自身の課題でもあったからお礼を言うのはこっちのほうだよ。ありがとう！」
と寺尾は言った。続けて佐藤も「僕もこのプロジェクトに関わらせてもらえて、すごく充実しているよ。最近は、広瀬さんの成長が著しいから、僕から伝えられることは少なくなってなんだか寂しいくらいだよ」とおどけてみせた。
　3人は、これまでの活動を振り返り、思い出話に花を咲かせた。

　宴も1時間ほど経ったところで、広瀬はこのところ考えていたアイデアを話し始めた。
「そういえば、アンケート結果から1on1がうまくいっていることは見えているのだけど、WPLマネジャーとして、さらに改善していくヒントを見つけるために、実際の現場をオブザーブしたいなと思っているの」
「木下営業マネジャーと部下の1on1は、特にうまくいっているって聞いたよ。実際にオブザーブして意見を聞けると今後の参考になりそうだよね」と佐藤も続けた。

広瀬と佐藤の意見を聞いた寺尾は、大きく頷いた。

「そうだね。僕も１回入らせてもらったけど、木下さんは営業担当者に求めることは高いけど、オープンな人だからか、心理的安全性も高くてすごく参考になった。見せてもらうといいよ」

「できれば、近いうちにオブザーブとインタビューを実施したいな」

「わかった。木下さんには話をしておくよ。明日、日程調整させて」

「ありがとう！」

1on1では「経験学習振り返りシート」を活用する

広瀬は、営業所の会議室にいた。今日は木下営業マネジャーの1on1をオブザーブする日だ。

早速、木下は部下の田中さんとの1on1を開始した。

木下：お疲れ様です。田中さん。この３連休はゆっくり休めた？

田中：週末は家族とキャンプに行きました。最初は子どものために始めたんですけど、今は私がはまっちゃって。キャンプ飯が美味しすぎて！

木下：それは楽しそうですね。ちゃんとメリハリつけて休みを楽しむことは大事だよね。

田中：はい。おかげさまで、仕事もプライベートも充実しています。

木下：それはよかった。さて、今日は何から話をしましょうか？

田中：はい、ありがとうございます。では「経験学習振り返りシート」に沿って進めていきたいと思います。まず、「ありたい姿」の確認ですが、大きな取り引きの際の、自分の伝え方やアプローチの方法に課題を感じているので、「聴く力」と「批判的内省」マインドを強化したいと思っています。

木下：そうだったよね。リマインドありがとう。最初に、「よかったこと、できたこと」を教えて。

田中：はい。先日の得意先での面談で、お客様のニーズをうまく伺うこ

とができました。それによって、提案がうまくマッチして次の展開に進めることになりました！

木下：それはすごいね。何かこれまでのやり方から変えてみたの？　成功した要因は何なんだろう？

田中：事前のリサーチと、先輩からのアドバイスをしっかり受け取ったことが成功の要因だと思います。これまでは、言ってみれば準備不足だったということなのかもしれませんが……。

広瀬はメモを取りながら、感動していた。

営業マネジャーに渡してある「WPL実践ガイド」に掲載していた「『部下と一緒に振り返る』1on1のシーンでの効果的な進め方」で紹介した方法を、木下営業マネジャーなりにアレンジして実施していたのである。2人の対話はスムーズで、何よりも部下の田中さんがこの1on1の場を有益なものとして捉えていることが伝わってくる。30分以上続いた1on1が終了した後、田中さんと木下営業マネジャーにインタビューを行った。

部下が1on1に望むこと

広瀬：田中さん、1on1お疲れ様でした。今日はありがとうございました。早速ですが、今取り組まれている1on1についてどのように感じられているか、率直な意見をお聞かせください。

田中：私の正直な意見ですが、本当に成長の機会であると感じています。特に、自分のスキルセットのGAPを埋めるためのリソースを木下さんから提供してもらえている点が大きいです。これまでの面談は、どうしても数字やタスクの話が中心になっていましたから。

広瀬：それは嬉しいお話ですね。リソースを提供するのは重要だと思っています。その他にはありますか？

田中：そうですね……。ノンテクニカルスキルについての洞察が得られている点もありがたいです。自分自身の現状を深く理解することがで

きるので、自己認識が向上してきたように感じています。

広瀬：素晴らしいですね。木下さんからもらうフィードバックについて
はどうでしょう？

田中：明確で具体的なフィードバックをよい点、改善点どちらについて
も、もらえていて助かっています。強みやよかった点は改めて自信に
つながりますし、自分の弱点や改善点については、はっきりと認識す
ることができます。時には、耳の痛いことも言われて、凹むこともあ
るんですが、それだけマネジャーが私を見てくれている証拠だし、期
待に応えなきゃって思います。

広瀬：厳しいフィードバックは、出す側も勇気が要ることだと思います。
上司とよい関係が築けているのですね。とはいえ、言われたときにド
キッとする気持ちもわかります。

田中：そうですよね。それは私も感じています。

広瀬：1on1を続けてきて、田中さんの中で何か心境的な変化はありま
すか？

田中：安心感を持てています。木下さんがバックアップしてくれている
という安心感があるので、新しいことに挑戦する勇気が湧いてきます。
サポートや関心を感じることで、自分のキャリアやスキル開発へのモ
チベーションは明らかに向上したと思います。

広瀬：私も嬉しいです。他に何か感じていることはありますか？

田中：副次的な効果かもしれませんが、私自身のコミュニケーション能
力が上がってきている気がします。特に、自分の意見やフィードバッ
クをしっかりと伝えるスキル、そして聴く力が磨かれてきたと感じて
います。木下さんから指導を受けたことを意識して営業活動をするよ
うになって、反応が変わったお客様がいて……。実際、その営業先で
の業績が上がったんです。まだ、小さな成功ではありますが、少しず
つ手応えを感じています。

広瀬：それは素晴らしいですね！　成果につながると自信にもつながり
ますよね！
　　　ところで1on1で改善してほしい点や要望はありますか？

田中：そうですね。予定が時々キャンセルされることや時間が短くなる
　　　ことがあって、それはちょっと寂しくなりますね。

広瀬：なるほど。同じマネジャーとして耳が痛い。それだけ1on1が田
　　　中さんにとって大切な場になっているんですね。確かに、マネジャー
　　　は緊急性の高い対応を求められることはあるけれど、定期的にしっか
　　　りと時間を確保することは大切ですよね。

田中：はい。あと、話がヒートアップすると、木下さんが一方的に話し
　　　続けてしまうことがありますかね〜（笑）。

広瀬：田中さんのために意見を伝えたいという気持ちの表れなんだろう
　　　けど、双方の意見交換は大切ですよね（笑）。他にはありますか？

田中：基本的にフィードバックは具体的なんですが、時々、抽象的なア
　　　ドバイスの時もあって、その後どうアクションを取ればいいか迷って
　　　しまうことがあります。

広瀬：確かにそれは困りますね。上司も具体的なアドバイスを心がけた
　　　ほうがよいとは思います。ただ、中には全体像を考えたり、あえて自
　　　分でもう少し考えてほしいから抽象的なアドバイスをしたりするケー
　　　スもあると思うので、意図は木下営業マネジャーに聞いてみないとわ
　　　からないですね。

田中：そういう視点もあるんですね。そういう時は直接聞いてみること
　　　にします。

広瀬：お互いに率直な意見を言い合える関係は素敵なことですね。今日
　　　は貴重な意見をありがとうございました。最後に、今日、田中さんか
　　　ら伺ったこと、この後木下営業マネジャーに伝えてもよいでしょう
　　　か？　1on1をよりよくするために、私からフィードバックさせても
　　　らえると嬉しいんだけど。

田中：はい、大丈夫ですよ。私にとってもよい振り返りの機会となりま
　　　した。ありがとうございました！

広瀬：今日は1on1をオブザーブさせていただき、ありがとうございました。本当に素晴らしい1on1で、感動しました！

木下：そう言っていただけて嬉しいです。田中さんとの1on1は、私の中でも一番うまくいっているケースかとは思います。ここに来るまでに試行錯誤があったので、頑張った甲斐がありました。

広瀬：今日は普段、木下さんが、どういったことを心がけて1on1を実施されているかをお伺いできたらと思っています。早速ですが、こちらのWPL実践ガイドの中でもご紹介している「部下の学習支援」の3つの要素「成長支援」「自律支援」「内省支援」のカテゴリーに沿ってお伺いしていきます。まず、部下への成長支援について具体的にどのようなことを心がけていますか？

木下：成長支援については、部下の話をしっかりと傾聴することを心がけています。部下がどのようなことを学びたいか、どの点で成長を感じているかを知ることから始めます。そして、彼らが困っていることや課題を共有した時、ただの解決策を提示するのではなく、問題解決のアプローチや将来のビジョンを一緒に考えることでサポートをしているつもりです。未来人財要件にも『聴く力』がありますよね。私自身が聴く力を発揮できなかったら、部下の聴く力も伸びないですよね。そうはいっても、伝えすぎてしまっている時もあるとは思うのですが……。

広瀬：意識して実行されていることが素晴らしいです。続いて自律支援に関してはどうでしょうか？

木下：部下に仕事の意味を感じてもらうために、彼らが主体的に取り組めるプロジェクトや業務を任せることが大切だと考えています。また、部下からの意見や提案には耳を傾け、適切な権限を委譲することで、彼らが自主的に挑戦する気持ちを育めるようにしています。ただ、この「権限委譲」というのが難しくて、つい口出ししてしまったり、最後まで見届けきれない時があったりして、その塩梅について日々悩ん

でいますね。

広瀬：私も部下がいるのでわかります。部下の成長段階やレベルによっても変わりますよね。最後に、内省支援についてはどのように実践していますか？

木下：はい。1on1の中で、彼らが自分の経験や行動を深く振り返る時間をつくるようにしています。たとえば、１つのタスクが終わった後の振り返りでは、「自分の思い込みや前提がどのように結果に影響したか？」というような質問を投げかけ、深い内省を促します。批判的に内省することは難しいので、うまく自分で考えきれないメンバーもいます。その時は時間がかかっても寄り添いながら一緒に考え抜きますね。

広瀬：素晴らしい取り組みだと思います。木下さんが成果として感じられていることはありますか？

木下：一番の成果は、部下たちが「自分から学びたい」という意欲を持つようになったことですかね。また、自分の業務や仕事の進め方に対する改善提案を、積極的にしてくるようになったと思います。こういった取り組みの成果を出すには時間がかかりますが、少しずつ兆しが見えてきているかなと。田中さんの場合は、実際に顧客の反応が変わって、実績につながったという経験もあったので、いいサイクルが回り出しているように感じています。

広瀬：まさに、未来人財が育ってきているじゃないですか！　私も本当に嬉しいです。最後に、現在困っていることや悩んでいることはありますか？

木下：はい。部下それぞれのニーズや課題に合わせてサポートするのは時に難しいと感じます。特に内省支援において、どの程度、深く部下に自己反省をしてもらうべきか。一人一人のペースや状況に合わせる必要があるため、その調整は常々課題です。

広瀬：なるほど。ありがとうございます。部下のサポートのための取り組みや課題を共有していただき、とても参考になりました。引き続きよろしくお願いします。

木下：こちらこそありがとうございました。私自身も成長していきたい
と思います！

　広瀬は、最後に、部下の田中さんのインタビューで聞いた内容を木下営業
マネジャーにフィードバックした。よい点も改善点も柔軟に受け止めて、こ
れからの1on1に活かしていくと話してくれた。

　1on1オブザーブとインタビューを終えた広瀬は、その内容を寺尾に報告
した。寺尾は、ポジティブに取り組まれている事例が表に出てきたことで、
今後も自信を持って本活動を継続できると喜んでくれた。

STEP 4

評価とネクストアクション

01　プロジェクトの最終評価

評価は定量・定性の両面から行う

　1年間の東京支店におけるWPL推進プロジェクトを終え、広瀬はプロジェクト評価を進めていた。「WPLキャンバス」の4要素の各指標について、最終スコアを集計するのに合わせて、営業担当者および営業マネジャーに対して、1年間のプロジェクト自体を評価するためのアンケート調査を行った。そして、それぞれの結果を踏まえ、寺尾、佐藤と最終レポートの準備に取り掛かることとした。

　今回は、天野、田村に向けた報告会も迫っているので、広瀬の上司である片山もオブザーブ参加している。

「寺尾さん、佐藤さん、1年間お疲れ様でした！　なんとか東京支店WPL推進プロジェクトを無事に進めることができました」

　寺尾も佐藤もにこやかに広瀬の言葉を受け入れた。そして、寺尾は広瀬を労ってこう言った。

「広瀬さんの頑張りがなかったら、ここまで来るのも難しかったと思うよ。本当にありがとう！」

　広瀬はこの言葉にやや涙目になりながら、「私のほうこそお二人に助けていただいてばっかりで……」と続けた。そんな2人のやり取りを聞いて、佐藤が「ちょっと、ちょっと」と割って入った。

「2人とも、プロジェクトが終わった雰囲気になっているけど、まだ最終レポートを仕上げていないですからね。この僕らのレポート次第で、WPL推進プロジェクトの次の展開が決まるわけです。このプロジェクトの学びを次に活かさないと、WPLの全社展開はおろか、東京支店でのプロジェクトの継続も難しくなります。最終評価を整理しましょう！　まだまだ終わった気になるのは早いですよ」

　佐藤はパンパンと手を叩き、座り直した。その佐藤の言葉を受けて寺尾は

「そうですね」と言い、こう続けた。

「では、最終レポートの準備に取り掛かりますよ‼」

　寺尾の号令で、広瀬はファイルから資料を取り出した。

「はい！　早速ですが、こちらが先日最終評価として行ったWPLキャンバスの指標別のスコアで、営業所ごとに分析結果をまとめています（図32）。各スコアともに、全評価者の平均をプロジェクト前とプロジェクト後で比較できるようにしています。赤丸を付けたところはよい兆しが見られているところです」

　しばしの間、寺尾と佐藤はその資料に目を通した。そして、寺尾が「やはり、1年間のプロジェクトだけでは、ドーンと成長しましたという結果にはならないね」と言った。佐藤も「そうだね」と同意し話を続けた。

「正直に言うと、スコアはほとんど動かないのではないかと思っていたけど、それでも一部のスコアで変化が見えつつあるね。それは、素晴らしいことだと思うよ。特に、営業担当者の『批判的内省』とラインマネジャーの『内省支援』のスコアが連動するように上昇している点は興味深い。この1年間のプロジェクトとして、焦点を当てて施策を組んだことで反応し始めたということなのかな」

「実際に私がオブザーブさせていただいた木下営業マネジャーの1on1のように、1on1がうまく回っているペアも複数出てきているし、途中の営業マネジャーの1on1『振り返りワークショップ』において、成功事例の共有や改善に向けたディスカッションを行ったことで、営業マネジャーたちの不安解消や部下に対する学習支援の実践レベルの向上につながったと思う。ワークショップの中で、"経験学習の肝は批判的内省を向上させる僕たちの内省支援へのフォーカスだよね！"という発言が、営業マネジャーたちから出たこともあったわよね」

　佐藤の分析や広瀬の発言に寺尾は頷きながら、資料を指し示して言った。

「確かにそうだったよね。それに、『聴く力』の上昇や『心理的安全性』のスコア向上はよい兆しだね」

　寺尾の話を頷きながら聞いていた広瀬が再び口を開いた。

図32

WPLプロジェクト　4指標のサマリー
（営業所別PJ最終評価、全評価者平均）

職場名	東京第2営業所
営業マネジャー名	木下営業マネジャー
支店長名	寺尾支店長

❶ 未来人財要件

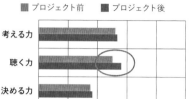

❷ 営業担当者の経験学習マインドセット

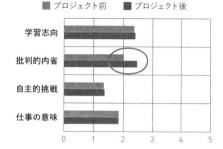

❸ 営業マネジャーが行う部下の学習支援

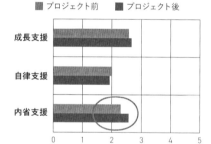

❹ 支店長が行うWPL環境づくり

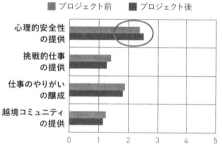

総合コメント（考察）

◆ 1年間のプロジェクト期間において、全ての要素について向上したとは言えないが、部分的に成長の兆しが見えてきている。

【未来人財要件】
「聴く力」について成長している傾向が見られており、1on1での指導やチーム内省などを通じて、特に「質問力」が高まっていると評価できる。

【経験学習マインドセット】
「批判的内省」のスコアがプロジェクト前よりも高まってきており、営業マネジャーによる1on1やコーチングの効果が見え始めている。

【部下の学習支援】
• 「内省支援」のスコアが高まってきており、営業マネジャーとの1on1に対して、受け手の部下側も評価し始めている。

【WPL環境づくり】
• 当プロジェクトでは、具体的な施策を行ってはいなかったが、「心理的安全性」のスコアも向上が見られた。これは、営業マネジャーとの1on1を通じて信頼関係がより強くなったことによるものと考えられる。

「聴く力は今年のテーマだったので、その改善は嬉しいよね。心理的安全性のスコアも上がって、アンケートからも『上司との相互理解が進んで以前より心理的安全性を感じる』といった意見もあって、1on1の増加が効果をもたらしたようね」

寺尾は「それはとてもいいことだね」と言った。そして、「ただ……」と続けた。

「WPLキャンバスの考え方からすると、本当は『エグゼクティブ』である僕が職場学習環境の要素の改善を担わないといけないのに、まだ何もできていないという感覚なんだ。だから、今後は職場学習環境をより整えるための行動をしたいと考えているよ」

「ところで、WPLキャンバスで設定したプロジェクトゴールに向けた進捗状況はどうだった？」

寺尾の問いに、広瀬はさらに資料（WPLプロジェクトゴール評価))（図

図33 WPLプロジェクトゴール評価

カテゴリー	プロジェクトゴール	プロジェクト開始時	プロジェクト終了時	進捗度
❶未来人財要件	「聴く力」の各評価者の評価平均が3点を超える営業担当者の割合を15%以上にする	8%	12%	改善傾向
	「決める力」の各評価者の評価平均が3点を超える営業担当者の割合を10%以上にする	5%	5%	変化なし
❷従業員の行動：経験学習マインドセット	「学習志向」の各評価者の評価平均が3点を超える営業担当者の割合を20%以上にする	10%	12%	小さい改善
	「批判的内省」の各評価者の評価平均が3点を超える営業担当者の割合を15%以上にする	7%	15%	達成
❸ラインマネジャーの行動：部下の学習支援	「成長支援」の各評価者の評価平均が3点を超える営業マネジャーの割合を30%以上にする	14%	16%	小さい改善
	「内省支援」の各評価者の評価平均が3点を超える営業マネジャーの割合を20%以上にする	8%	15%	未達だが、大幅に改善
❹エグゼクティブの行動：職場学習環境づくり	「挑戦的仕事」や「越境コミュニティ」に関する組織的な取り組みの必要性を含め精査し、シニアエグゼクティブに提案する	未実施	プロジェクト最終報告時、提案予定	未達成

33) を取り出して自身の分析結果を伝えた。

「ゴールに関しての進捗はこの資料にまとめているわ。結果としては、営業担当者の批判的内省を行っている割合については、達成することができたんだけれど、それ以外は未達だった。ただ、ラインマネジャーの内省支援については大幅に改善していて、このあたりは今回のプロジェクトの成果と言ってもいいんじゃないかな」

広瀬の説明を聞いていた寺尾は「うーん」と唸った。

「でも、未達事項が多いように見えるのは、営業的感覚では成果を出していないように感じてしまうんだ……。成功しているペアがいることも事実で、有効性も示したいよね」

この指摘について、広瀬は寺尾の目を見て自身の意見を述べた。

「言いたいことはわかるわ。ただ、プロジェクトの成功を単にゴールの達成だけで判断すると、勘違いされる可能性があると思う。数値目標は大切だけど、実際にアンケートでも、80%以上の人がプロジェクトの継続を望んでいる。これは彼らの意識や期待が変わりつつあることを示唆していると思うんだけど」

「その通り。ゴールは方向性を示すツールであり、それらを達成したかどうかだけを見て、短期的な評価を下していては、長期的な視点や人財育成の深い意味を見逃してしまう恐れがある。僕たちは数値目標の達成度合いだけにとらわれず、より幅広い視点でこのプロジェクトの意義や影響を考えていこうよ」

佐藤がいつもよりも語気を強めて意見を述べた。

寺尾は2人の意見を聞きながら、「そういう意味では、プロジェクトの評価って簡単にはいかないね」と続けた。

広瀬は、「うん。そうなんだよね」と続けた。

「だからこそこうした定量データに加えて、この資料にあるようなインタビューやアンケートで現場の『WPLプロジェクト「職場」メンバーの生の声』（図34）も丁寧に拾って、慎重に評価する必要があると思うの」

図34 WPLプロジェクト「職場」メンバーの生の声

生の声
（営業担当者）

> この1on1がスタートして、以前よりも、気軽に相談などもしやすくなった。

> 他の営業所の話を聞くと、営業マネジャーによってやり方は異なっている様子。バラつきはありそう。

> 率直なフィードバックがもらえるのはありがたい。自分の成長のために言ってくれていることは伝わってます（時に耳が痛いことはありますが）。

> 成長実感というところまでは至っていない気がする。ただ、意識するようになったことで、前よりはパワーアップしているような気がする。

生の声
（営業マネジャー）

> 業務負担を考えると最初は月1回の1on1を全員と実施するのは難しいと思ったけど、前もって予定しておけば可能だった。

> 部下たちも、未来に対する不安感があったようで、この時間に価値を感じている様子。これからの時代、このような取り組みは重要だと改めて感じている。

> 振り返りシートの書き方がわからないと相談されている。他の人たちがどのように運用しているかを共有し合える場があるとよさそう。

> こういった指導方法は、自分自身が若い時に受けたことがないので、何が正解なのか？を考えてしまう。模索しながら進めています。少し不安。

　ここで、オブザーブしていた片山が口を挟んだ。

「少しだけ、私の意見も述べてもいいかな」広瀬、寺尾、佐藤の3人は、頷いた。

「たった1年の取り組みで、これだけ変わった人が出てきているんだから、今後も継続的に実施していけばもっと多くの人に変化が表れてくると思うんだよね。人財育成って長期戦だから、こうした小さな兆しを見逃さない丁寧さは大事にしてほしい。一歩ずつ、前に進もう！」

　片山の言葉に3人は力をもらい、明るい表情になった。

　寺尾は「確かにそうですよね」と改めてアンケート資料を確認しながら言った。

「このアンケートの内容を見ると、数字に表れてこない職場のリアルを感じることができるし、実際、上司と部下の1on1やコーチングによる新しい職場学習が動き出したようなダイナミズムを感じることもできる」

　佐藤は寺尾の言葉に「ですね」と返した。そして、

「では、シニアエグゼクティブ向けのレポートとしては、この定量評価に加えて、実際に取り組んだ本人たちの声を届けられるようにまとめ上げましょ

う」と次のステップを広瀬に提案した。

広瀬は、

「はい。私もそのように進めたいと考えました。さっき少し触れられていたけど、エグゼクティブの行動である『職場学習環境づくり』について進捗はあった？　寺尾さんの変化は誰よりも私が感じているんだけどあえての質問です！」と微笑みながら寺尾に質問した。

寺尾は「さっきも言ったけど、この部分は不足感があったと反省はしているんだけど、1つだけ取り組んだことを報告すると……」と言いながら、ガサガサとカバンから1冊のノートを取り出した。

「この1年間、WPL推進プロジェクトを通じて、学んだことや気づいたことをこの1冊のノートに書きためていたんだ。その中から、よりよい職場学習環境を構築するために、僕やシニアエグゼクティブがするべきだと思うことをまとめてみたいと考えているよ。途中まではある程度スライドにまとめてるんだけどね」

佐藤は「わ！」と盛大に驚いてみせた。そして、「出た、寺尾ノート！」と言った。

「寺尾さんの『ノート力』は有名ですからね」

と、寺尾ノートを覗きこみながら広瀬が続けた。

「寺尾さん、いつもノートにたくさん書き込まれてたからずっと気になっていたのよね。詳しく話を聞かせて」

「もちろん！　デジタルの時代だけど、僕はあえてノートだけは、手書きを重視するんだ。ノートを広げて書くと、俯瞰して物事を見ることができるし、図解することで脳も活性化するように感じる。パソコンの画面の中だけで仕事しているとちょっとね。デジタルとアナログ、僕はどっちも大事にしたいんだ」

広瀬と佐藤は興味深そうに頷いた。寺尾ノートの件は後日改めて時間をとって3人で話し合うことにした。

報告時のポイント

　4人でのミーティングの後、広瀬と片山は、カフェスペースでコーヒーを飲みながら雑談していた。

　その中で広瀬が口を開いた。「今作成しているシニアエグゼクティブ向けのプロジェクト報告書の資料ですが、資料も膨大ですし、少し迷っていて、アドバイスをいただきたいです」

　片山はパソコン上で広瀬がまとめたプレゼン資料のスライドを流して見ながら、口を開いた。

「なるほど、いい感じだと思います。改めて、プロジェクト報告時のポイントを伝えておきますね」

広瀬メモ
プロジェクト報告時のポイント

①目的の再確認
　プロジェクトの背景や目的を再確認するところからスタートする。
②目標と結果の比較
　もともとの目標やKPIと実績を比較し、達成度を明確に示す。グラフやチャートを利用して、データや結果をわかりやすくビジュアル化する。
③主要な成果
　プロジェクトのハイライトや主要な成果を簡潔にまとめる。
④フィードバックの取り込み
　現場の声や学習過程でのフィードバックをどのように取り込んだのか、またそれがどのようにプロジェクトに影響を与えたのかを共有する。
⑤課題と次のステップ
　途中で発生した課題や未達成のポイント、それに対する改善策や次のステップを明確に示す。

　広瀬は「ありがとうございます。そんなにピントは、ずれていないと思うのですが……」と言った。

「自信を持っていいと思いますよ。最後に1つだけ。1年間の取り組みだし、やってきたことを全部伝えたいという気持ちが前面に出すぎてしまうと、本当に伝えたいことがぼやけてしまうから、そこは要注意。部長たちは時間が限られているから、要点を簡潔に、そして明瞭にということかな。報告資料は本編とAppendixに切り分けておくといいと思いますよ」

「はい、わかりました。そのことは肝に銘じて準備します」

「期待しています！　何かあったらいつでも相談してくださいね」

と話し、2人はカフェスペースを後にした。

02　エグゼクティブの視点から振り返る

上の立場だからこそ学ぶ

　広瀬、佐藤、寺尾の3人は、寺尾がまとめたノートを基にエグゼクティブの視点での振り返りを行うこととした。そして、寺尾はノートを整理したスライドをモニターに示した。

「広瀬さん、佐藤さん、この1年のWPL推進プロジェクトに関するノートを改めて振り返って、パワーポイントを整理したよ」

　佐藤は「結構な量になったね！」と声を上げた。寺尾は、「営業マネジャーや営業担当者が頑張って取り組んでくれているのに、僕が一緒に学ばないなんてことはありえないでしょう」と言って、照れくさそうに笑った。

　寺尾のこの前向きな姿勢に、プロジェクト中、何度励まされたことだろう。広瀬は笑顔で、手を叩いた。

「寺尾さん、素晴らしい！　このWPLの取り組みは、学習を本人任せにせず、上位の立場にある人が、一緒に学ぶ、もしくは、より多くを学ぶ姿勢を持つことが大切よね」

寺尾ノート
心理的安全性

....

組織の中で自分の考えや気持ちを誰に対してでも安心して発言できる状態のこと。

- 「学習する職場」を目指す！
- 営業マネジャー会議の中で、「心理的安全性」をテーマにしたディスカッションを行う。
- 支店会議のアジェンダに、アイデア／企画会議の要素を入れる。

....

挑戦とは、新たなことや困難なことに取り組むこと。

- 挑戦することは、モチベーションを保つだけではなく、能力を伸ばし、社会的な価値を高めることに役立つ。
- 新しい課題に直面するたびに、その状況を乗り越えるための新しいスキルを身につけることができる。
- 仕事で挑戦したことを語り合う場を設ける（ナラティブ勉強会）。

佐藤は身を乗り出してモニターを覗き込んだ。そして、寺尾はスライドを示しながら説明をした。

「プロジェクト開始時に『WPLキャンバス』で整理した中で、エグゼクティブの行動である『職場学習環境づくり』が特に重要だったと感じていて。それで、各項目を具体的に整理したんだ。現場でメンバーに説明する時に自分の言葉で語る必要があるからね。このまとめが、将来的に他の支店で展開する時も役立つかなと思って。関連図書を何冊も読んだよ」

まとめられた資料を見て広瀬は、

「いつもすごいね。先を見て行動してて。本当に尊敬するわ」と言った。

寺尾は再びニッと笑って、こう続けた。

全国展開に向けたアイデアと留意点

「ありがとう。あと、今後に向けてのアイデアとしていくつか整理しているんだけど、このあたりの内容は、次のシニアエグゼクティブへのプロジェクト報告の際に伝えるといいと思う。後日、もう少し整理した資料を送るから。東京支店はそれほど大きな職場単位ではないから、エグゼクティブがつくる職場学習環境は限定的だったけれど、もしWPLの取り組みを全国展開するとなれば、きちんと考えないといけないよね」

アイデア／留意点

・東京支店では、このキャンバスの内容になっているけど、横展開の際には、同じようにはならない。

・トップダウンで全国共通の仕組みを入れるのではなく、支店長の決裁権を残し、自分たちが目指したいゴールを考えさせるところが肝。

・支店長が集まり、未来人財について語り合う場があるといい（支店長会議の場をアレンジ）。

・支店長に対するメンター（今回の、広瀬さん＆佐藤さん）は絶対に必要！

・営業マネジャーと、"未来人財育成"をテーマに、1on1を実施する。

・コーチングの勉強を始める（人事主催のコーチングプログラムを受講）。

・トラッキングの効率的な方法の検討が必要（システム導入など）。

寺尾は続けた。

「特にWPLキャンバスは、全国共通ではなくて、職場ごとに作成して管理していくべきだと思うんだ。こういう取り組みは、全体の課題を見つけて、共通の施策をやりがちだけど、そうしてしまうとベストプラクティスの共有のようになって、職場ごとの個性が無視されてしまう。あと、トップダウンでの指示は現場サイドのモチベーション低下を招く可能性もあるしね」

広瀬はうん、うんと大きく頷きながら、つぶやいた。

「私の失敗から学んだ教訓ね。WPL3.0 "職場ごとに最適化された職場学習"を大切にすること！」

寺尾も佐藤も、あの事件を思い出しながら頷いた。そして、寺尾は続けた。

「あと、プロジェクトの成功には、各支店長がWPLキャンバスを推進する際のメンター的な存在が絶対に必要。メンター役が支店長や営業マネジャーたちと並走し、全体の方向性をまとめ上げる役割を果たす。つまり、今回の広瀬さんや佐藤さんのような存在がめちゃくちゃ重要！　ってことが言いたいんだけどね」

と、2人の目を見て力強く訴えた。広瀬は寺尾の話に目を丸くした。まさか、

自分自身がそこまで重要な役割を担う存在になろうとは。同時に、寺尾の視座の高さに心強さを覚えた。

　広瀬と同様に、佐藤も寺尾に尊敬の眼差しを向けていた。

「ぜひ、この内容は、シニアエグゼクティブへの提案に盛り込みたいですね。やっぱりWPLデザイナーとWPLマネジャーは必要だよね」

　佐藤の意見に続けて寺尾がさらに口を開いた。

「それから、営業マネジャーたちが営業担当者へ1on1やコーチングを行っているのを見て、私も支店長として、マネジャーに対して1on1やコーチングを行うべきだと感じてるんだ。これまで、業務の進捗確認の面談はしてきたけれど、人財育成をメインテーマにした営業マネジャーとの1on1はまだ実施していない。だから、僕も1on1やコーチングの技術を学び直したいと思ったんだよね。マネジャー相手のコーチングとなると、さらに難度も上がるだろうから」

　寺尾の力強い言葉に広瀬は「いいですね！」と何度も繰り返した。そして、「全国展開する際には、その点は、他の支店長にとっても参考になると思う」と言った。広瀬のこの言葉に寺尾は頷いた。

　こうして、広瀬、佐藤と寺尾の3人は、シニアエグゼクティブへのプロジェクトの最終報告の準備を進めていった。

03　WPL推進プロジェクト成果報告会

現場のポジティブな「変化」を評価する

　広瀬、寺尾、佐藤は、これまでの東京支店におけるWPL推進プロジェクトの全てをまとめ上げ、事業部長の天野、営業本部長の田村、事業企画部長の片山への最終報告の会議に臨んだ。報告はWPL推進プロジェクト最終レポートの説明を中心に行った。1年間本腰を入れて推進したプロジェクトの報告に際して、広瀬は緊張を隠しきれずにいた。珍しく、寺尾と佐藤の表情も硬い。

「以上が、東京支店におけるWPL推進プロジェクトに関するご報告となります」

　天野は広瀬の報告に対して、
「ご苦労さまでした。報告内容はうまくまとめられていて、よく理解できました」と労った。
　広瀬は小さく頷いた。まずは、第1段階はクリアというところだろうか。天野は続けて「ところで、このプロジェクトで最も大きな成果は何でしたか？」と質問した。
　広瀬は大きく息を吸い込んで答えた。
「最も大きな成果は、東京支店の営業担当者たちにとってのWPL環境が確実に変わったことそのものかと。そのことは私も現場に出向いて肌で感じています。1年という期間で、いくつかの指標でポジティブな変化が起きています。『WPLプロジェクトゴール評価』（**図35**）をご覧ください」
　広瀬の説明に、天野はこう返した。
「なるほど。この未来人財要件の『聴く力』として、スコアが上昇している点ですか？」

広瀬は頷いて、天野の問いにやや掘り下げた説明を行った。

「その点も含めてですが、今回は、聴く力を伸ばすことを目指し、そのために、営業担当者のマインドセットとしての『批判的内省』や営業マネジャーの部下育成としての『内省支援』を強化するような施策を展開しました。その結果として、それぞれの指標に変化が見られ始めていることは、大きな意味があると考えています」

広瀬のこの説明に、田村が「ちなみに」と口を挟んだ。

「このプロジェクトゴール指標はいくつになったら、『達成』として評価できるのでしょうか？」

田村の質問を受けて、広瀬が口を開いた。

「寺尾さん、佐藤さんとの議論の結果、指標について絶対値での達成基準を設定するのは現時点では難しいとの結論に至りました。確かに、今回のプロジェクトでは多くの指標が目標に達しなかったのですが、プロジェクト前後の『変化』をメインの評価軸として見ると結果が出ていると言えそうです」

広瀬の言葉を受けて、田村は顎に手を当てて「なるほど」と言った。

「そうなると平均としてのスコアが前後で上昇すれば、それでよしということになりますか？」

広瀬は、「いえ」と軽く返事をし、こう続けた。

「それだけではないと考えています。たとえば、今回、プロジェクトのゴールとしては、ご覧いただいたように各指標についてある基準を超えた人の割合を設定しました。WPLプロジェクトの目的は、あくまで未来人財を育成することにありますが、『「聴く力」について、各評価者の評価平均が3点を超える営業担当者の割合を15％以上にする』というゴールについては、12％と残念ながら未達でした。ただ、最終ゴールを支える重要指標である営業担当者の経験学習マインドセットにおいて焦点を当てた批判的内省を行えている営業担当者の割合と、内省支援を行えている営業マネジャーの割合が大幅に改善されていた点においては、間違いなく未来人財育成への歩みを進められていると考えています」

広瀬のこの説明に、天野は穏やかな表情を崩さぬまま、指摘をした。

図35 WPLプロジェクトゴール評価

カテゴリー	プロジェクトゴール	プロジェクト開始時	プロジェクト終了時	進捗度
❶未来人財要件	「聴く力」の各評価者の評価平均が3点を超える営業担当者の割合を15%以上にする	8%	12%	改善傾向
	「決める力」の各評価者の評価平均が3点を超える営業担当者の割合を10%以上にする	5%	5%	変化なし
❷従業員の行動 ：経験学習マインドセット	「学習志向」の各評価者の評価平均が3点を超える営業担当者の割合を20%以上にする	10%	12%	小さい改善
	「批判的内省」の各評価者の評価平均が3点を超える営業担当者の割合を15%以上にする	7%	15%	達成
❸ラインマネジャーの行動 ：部下の学習支援	「成長支援」の各評価者の評価平均が3点を超える営業マネジャーの割合を30%以上にする	14%	16%	小さい改善
	「内省支援」の各評価者の評価平均が3点を超える営業マネジャーの割合を20%以上にする	8%	15%	未達だが、大幅に改善
❹エグゼクティブの行動 ：職場学習環境づくり	「挑戦的仕事」や「越境コミュニティ」に関する組織的な取り組みの必要性を含め精査し、シニアエグゼクティブに提案する	未実施	プロジェクト最終報告時、提案予定	未達成

「あくまでも最終的に目指した『未来人財要件のプロジェクトゴール』は達成しなかったということですよね？　人財育成は、ある程度長期的な視点で考えなければならないことは承知していますが、それでも目に見える成長がないのであれば、別の育成方法を検討しなければなりません」

現場の生の声を感じとる

　天野のこの言葉を広瀬は頷きながら聞いていた。ここは、絶対、指摘を受けるポイントだろうと思っていた寺尾は、さすがにここは自分が答えたほうがよいかと考え、「おっしゃる通りです」と話し始めた。

「人財育成に関するプロジェクト評価は、非常に難しく、営業成績のように、売上や利益のようなわかりやすい指標のみで評価することはできません。ここは私が今回のプロジェクトを通じて強く感じたところです。しかし、私たちはアンケートやインタビューを通して、営業マネジャーや営業担当者から直接のフィードバックを得ることができました。本日お配りした資料の最後

図36 WPLプロジェクト「職場」メンバーの生の声

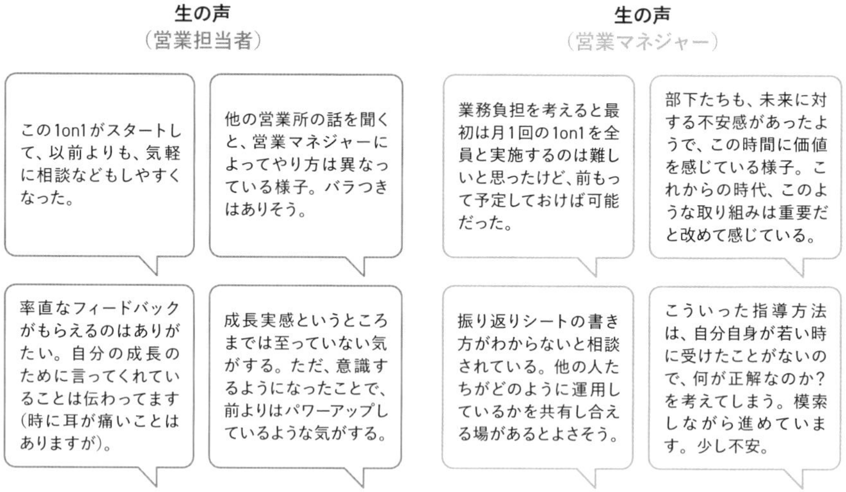

生の声
（営業担当者）

生の声
（営業マネジャー）

この1on1がスタートして、以前よりも、気軽に相談などもしやすくなった。

他の営業所の話を聞くと、営業マネジャーによってやり方は異なっている様子。バラつきはありそう。

業務負担を考えると最初は月1回の1on1を全員と実施するのは難しいと思ったけど、前もって予定しておけば可能だった。

部下たちも、未来に対する不安感があったようで、この時間に価値を感じている様子。これからの時代、このような取り組みは重要だと改めて感じている。

率直なフィードバックがもらえるのはありがたい。自分の成長のために言ってくれていることは伝わってます（時に耳が痛いことはありますが）。

成長実感というところまでは至っていない気がする。ただ、意識するようになったことで、前よりはパワーアップしているような気がする。

振り返りシートの書き方がわからないと相談されている。他の人たちがどのように運用しているかを共有し合える場があるとよさそう。

こういった指導方法は、自分自身が若い時に受けたことがないので、何が正解なのか？を考えてしまう。模索しながら進めています。少し不安。

にアンケートの抜粋があります。

　彼らの『生の声』（図36）から、現場の真実、変化を感じとることができます。実際、アンケートの結果80％以上の者がこの取り組みの価値を感じています。私も同様の意見を彼らから直接聞いています。彼らがこのプロジェクトを継続的に推進したいと考えているのです。もちろん私も同意見です」

　寺尾の発言を聞いていた佐藤は、（このセリフは職場を束ねるトップの寺尾さんだからこそ語れる力強さだよな！）と心の中でガッツポーズをした。

　寺尾の言葉に、広瀬も続けた。

「私も現場に出向いて、実際の1on1をオブザーブしたり、営業担当者本人や営業マネジャーにも直接インタビューをしたりしました。実際に丁寧な1on1での指導が営業現場での顧客対応に変化をもたらし、業績につながっているといった成功事例も出てきていますし、もう少し続けていく価値はあると確信しています！」

広瀬と寺尾の説明に、片山も同意した。そして、天野の目を見ながらこう言った。

「確かに定量的な評価だけで判断しきれない部分を、定性的な情報で補って考えるのは理にかなっていますよね。人財育成は長期戦で行うものだからこそ、こういった生の声や、現場での小さな成功例は絶対大事にしないといけないと私も思います」

　片山の言葉に天野も、

「確かにそうですね。私も、この活動を進めようと思ったきっかけは、直接現場の声を聞いて危機感を持ったことでした」と頷いた。そして、沈黙を続けていた田村に水を向けた。

「この営業担当者や営業マネジャーの皆さんのコメントを読む限り、このWPL推進プロジェクトが職場学習を促進し始めていることは、私も感じることができます。田村さんはどう感じられましたか?」

　田村は、広瀬、寺尾、佐藤、片山、天野の顔を順番に眺めながら、「そうですね」と言った。

「もしこのアンケートに書かれているようなことを考えてくれているのであれば、このプロジェクトは東京支店だけでなく、全支店に展開してもいいのかもしれないと思い始めています。実際にこの間東京支店の会議にオブザーブ参加した時に、明らかに以前と空気感が違ったんです。皆が積極的に意見を言い合っていて、そういう意味では心理的安全性が増したのかもしれませんね。実際に、東京支店の一部のエリアでは業績が上向いてきている」

プロジェクト拡大に向けて

　田村のプロジェクトにかける想いを聞いた片山は、広瀬に尋ねた。

「もし全国展開するとなった場合、何か注意すべき点、改善すべき点などは見えていますか?」

　広瀬は、

「はい、全国展開する場合に検討すべきことについては、実は寺尾支店長がまとめてくださっています」と言って、隣に座る寺尾の横顔を見た。

　寺尾は自身のパソコンから資料を投影し、「それでは」と説明を始めた。

「今回のプロジェクトを通じた学びをどうやって全国展開のプロジェクトに活かすのか、お話ししたいと思います」

　寺尾は、全国展開する際には、各支店における営業マネジャーの部下育成と営業担当者のマインドセットに加えて、エグゼクティブとしての役割も大きくなるため、その分の裁量も必要であること、そして評価したデータを支店間で比較するなど、人事考課の材料には使わないでほしい旨を天野、田村、片山に伝えた。3人は大きく頷いた。田村が、力強くこう言った。

「寺尾さん、ありがとう。私も同じように思っているよ。すでに何度も広瀬さんが伝えてくれていたからこのような現場の声は少なくなっているように思うが、今回取り組んでいるWPL推進プロジェクトは、全支店共通の画一的な取り組みではなく、職場ごとに個性を活かした最適な取り組みをすること。そして、定量的なデータで支店間を比較して評価したり、人事考課に使ったりして、皆の自律性・主体性を遮るようなことはしないということを、機会がある時には私からも営業現場に伝えていこうと思う。約束するよ」

　田村の言葉に寺尾は、

「ありがとうございます！　それと、最後に、このWPL推進プロジェクトは私たち支店長にとっても初めての取り組みですし、大変重要な施策です。他支店でもこのプロジェクトを進めていく際には、今回のように、広瀬さん、佐藤さんのような役割を持った方がいないと成立しません。お二人のような方の存在は必須だと私は思います！」と力強く応えた。

　寺尾の力説により、広瀬と佐藤の当プロジェクトにおける重要性が強く認識された。その結果、広瀬は全社WPL推進プロジェクトの責任者として正式に任命され、佐藤が引き続き広瀬を支援する体制をとっていくこと、そして、必要に応じて寺尾も協力を続けることにも合意が取れた。

04 プロジェクトの全社展開

全社展開の注意点

　広瀬、寺尾、佐藤は、全国の支店へのWPL推進プロジェクトの展開に向けての準備をスタートした。まず手始めに何をする必要があるのか、議論を行うことにした。佐藤は少しはしゃいだ調子で、広瀬に話しかけた。

「広瀬さん、いよいよWPLマネジャーとして、全国展開のプロジェクトですね」

　広瀬は嬉しさとこれからへの不安から、曖昧な表情を浮かべた。そして、こう続けた。

「全国の各支店を見渡すと、土地、所属する人、お客様、歴史、環境も何もかもが違う。これは、東京支店のベストプラクティスが全支店にそのまま当てはまるわけではないってこと。遠回りのようだけど、各支店でそれぞれの『WPLキャンバス』を描くことが先決だよね。共通点は全国で展開しつつも、独自の部分は各支店に合わせて柔軟に対応していけばいいわよね？」

　佐藤は「それでいいと思うよ」と答えた。

「ちなみに、プロセス自体はどの支店も大きく変わらないはずよね？」

　広瀬のこの投げかけに、寺尾は「う〜ん」と眉間に皺を寄せた。

「必ずしもそうではないかもよ。自分で言うのもなんだけど、僕は支店長の中でも、今回のWPL推進プロジェクトに理解のあるほうだと思う。ただ、他の支店長たちは、それぞれの考えに基づいて、支店運営をしている。このプロジェクトと相性がいい人もいれば、そうでない人もいると思うんだよね。その点は考慮して、プロジェクトマネジメントを行う必要があると思う」

　寺尾のこの指摘に佐藤も同意した。

「確かにその可能性は高いですね。スコープを大きくしてこのプロジェクトを推進する場合は、プロジェクトマネジメントの中でも、ステークホルダーマネジメントをより意識する必要があるってことかな」

寺尾、佐藤の言葉に「そうですね……」と一度はつぶやいた広瀬だったが、「具体的にはどのように対応したらいいかまだ見えていないわ」と続けた。弱気になる広瀬に寺尾は自分の考えを伝えた。

「うん、僕自身も感じているんだけど、どうしても同じ仕事での経験が長くなると、自分自身がその経験に影響を受けてしまって、考えに柔軟性がなくなっていく。だから、他の支店長とWPL推進プロジェクトについて協議する際は、その支店長がどういった信念を持っていて、どのような価値観で物事を考えているのか。そして、それはどういった背景や経験からくるものなのかをよく理解することから始めるといいんじゃないかな。その上で、各支店長の考えとプロジェクトの価値や意味について、どうすればすり合わせができるかを考えるということが必要そうだよ。くどいようだけど、東京支店で得た教訓を"正解"って思わないことだね」
　寺尾のこの言葉に、広瀬は「肝に銘じます！」と言った。
「各支店長の考えを深く理解した上で、プロジェクトの価値を感じてもらう形にしないといけないよね……」
　やや不安気にうつむいた広瀬に、寺尾は穏やかに伝えた。
「少し心配させてしまったかもしれないけど大丈夫。職場をよくして、人財を育てたいという気持ちは、皆さん一緒だからね。広瀬さんの"共感力"と"柔軟性"はピカ一だから、自信を持っていいと思う」
　確かに、支店長にはそれぞれの考え方や価値観があるだろう。しかし、その大元にある思いは皆同じであるはずだ。広瀬は寺尾の言葉に気づきを得て、顔を上げた。
「ありがとう。それを聞いて、少し安心した。まずは、各支店長へのインタビューの時間を設定して、価値観や考え方についての理解を深め、その支店にとってのWPLの必要性なども一緒に考えていくことからスタートするわ」
　具体的なアクションが見えて、広瀬の声には少し張りが戻った。そんな広瀬を見て、佐藤は力強く頷いた。

「そういえば」と広瀬は思い出したように話し始めた。

「これから全国展開となると、さすがに人手も必要だし、この取り組み自体がすごく勉強になるから、次からは私の部下2人もこのプロジェクトに入ってもらおうと思うの」

佐藤は「それはいい考えだね！」と同意した。

「それでお願いなんだけど、お二人から私の部下たちに、WPLマネジャーが持つべき心得についてレクチャーしてほしいの。こういうことって、私が直接伝えるより、第三者から聞いたほうが効果的でしょ。ミーティングの場をセットするから協力していただけないかしら？」

と大げさに手を合わせながら懇願した。

寺尾と佐藤は声を揃えるように、

「広瀬さんに頼まれたら断れないよ。喜んで！」と笑いながら答えた。

こうして、広瀬は、全国WPL推進プロジェクトの責任者として大きな一歩を踏み出した。

エピローグ

未来人財が育つ組織

01 自社に合ったWPLの仕組みを根付かせる

　事業部長の天野、営業本部長の田村、事業企画部長の片山の３人は、広瀬たちの東京支店でのWPL推進プロジェクトの報告を受けて、改めてディスカッションをすることとした。それは紛れもなく、全社の未来を左右する重要な歩みであると感じたからである。天野は、田村と片山の顔を交互に見てから話を切り出した。

「先日の東京支店WPL推進プロジェクトの報告を聞いて、改めてどう思われましたか？」
　天野の問いかけに、田村は率直な感想を口にした。
「プロジェクトを始めた時には、全国展開に至るまでのプロジェクトになるとは思ってもみませんでした。広瀬さん、寺尾さん、佐藤さんの３名は、いい意味で私の予想を裏切ってくれましたね。どうしても私のような営業一筋の人間は、何事もすぐに結果を求めてしまいがちです。しかし、今回、彼らの取り組みを見る中で、人財育成については短期的な結果を求めるだけでなく、長期的に未来を見据えていくことが重要なのだと考えさせられましたよ」

　田村の素直な意見に、片山も「私も同感です」と続いた。
「最初に、広瀬さんからWPLの話を聞いた時は、心のどこかで、理想的なアプローチではあるものの、実現は難しいのではないかと思っていたんです。この手のことは、時間もパワーもかかりますからね。しかし、それを広瀬さんたちはやってのけてくれました。その意味では、彼ら自身が、未来人財に一番近づいているのかもしれませんね。WPL推進プロジェクトというものは、そこに関わる全ての人たちに学習を促す力があるのかもしれません。こうした点から、１年間の成果以上に、その『仕組み』を職場に根付かせたことは大きな成果と言えると思っています」

田村と片山の感想を聞いて、天野も深く頷いた。

「お二人のおっしゃる通りだと思います。私も、広瀬さんたち自身が未来人財に向かって成長していると感じていました。田村さん、片山さんはリーダーとしての素晴らしい姿勢を示されましたね。我々は、経験を通じて学ぶことができます。一方で、その経験が積み重なった時、それは固定観念となり、新しい発想への転換を難しくするため、人の成長の障壁ともなりうる。そんな中、お二人は、ご自身のこれまでの経験に基づく考えに固執することなく、広瀬さん、寺尾さん、佐藤さんが考えたことを柔軟に受け入れて、彼らがプロジェクトを自律的に進めることができるような環境を与えてくださった」

　天野の言葉に、田村は頭をかきながら「どちらかといえば、私は塩梅がよくわからないまま、悩みながら彼らと接していたのですが……」と渋い顔をした。

　田村の姿を見て天野は、「それでよかったんだと思いますよ」と続けた。

「WPLのような、聞くと当たり前で、誰もがやっていると思い込んでいるものに対して、我々も悩み考え、不安を抱えながらも、部下が自律的に考えられる範囲を少しずつ大きくしていく。そのようなリーダーシップが我々のようなシニアエグゼクティブには必要なのだろうと感じています」

　天野の言葉に片山は「ありがとうございます。人から褒められるのは、いくつになっても嬉しいものですね」と言い、にこやかに微笑んだ。そして、自身の思いを続けた。

「もう１つ感じたこととして、WPLを推進する上での『WPLパーパス』の存在の重要性です。今回、天野さんや田村さんはさまざまな機会でWPLパーパスや人財ビジョンを一貫して語り続けてくださいましたよね。その結果、現在では事業部の中で深く浸透しています。そのため、今回、全国展開する上でも、支店長それぞれの考えに違いはあるものの、かなり理解はしてくれているように感じます。もちろん、東京支店以外では具体的な施策はスタートしていないので、まだ行動変容には至っていない方もいますが、それこそ、これからのWPL全国展開を通じて、広瀬さんたちが、支店長一人一人と対話しながら変革していってくれるでしょう」

片山のこの言葉に、「少しでもWPLを推進しやすい環境をつくるために、我々はこれからもWPLパーパスについては大切に語っていきましょう」と天野は続けた。

　天野と同様に田村もWPLパーパスの重要性を実感していた。

「先日の寺尾さんの報告を聞いて、WPLパーパスを伝えることで、一人一人の内発的動機付けができ、よりよいWPLマネジメントにつながるのだと思いました。ただ、全国展開をしていくにあたっては、内発的動機付けに加えて、外発的動機付けについても考える必要が出てくるのではないでしょうか。東京支店では、寺尾さんの力もあって内発的動機付けで動くことができましたが、全国展開となると、対象者が多くなり、さまざまな価値観を持った人が増えて、難度が上がりますから」

　田村のこの言葉に片山は、「それは、何かしら金銭的な報酬を与えるということですか？」と投げかけた。それに対して、田村は「いや」とゆっくり首を振った。

「報酬は必ずしもお金である必要はありません。育成については内発的動機付けと考えていますが、マネジメント層に対しては、評価はしっかりとしたいと思っています。WPL環境をつくっているのか、部下の指導を行っているのかについては、シビアに見たいなと。『学習・成長の視点』の取り組みを行ったことが、最終的に業績につながっていくのかどうかは、営業部隊だからこそ見ておかないといけないですからね。もしも、このWPL推進の取り組みに関する評価が高いのに、業績につながらないようだったら、評価軸や施策の内容を見直していく必要がありますし。評価という観点で言うと、その部分は外発的動機付けと言えますよね」

　天野と片山は田村のこの言葉に押し黙った。田村の言わんとすることはわかるが、漠然とした不安を感じたからである。沈黙を破って、天野が言った。「田村さんの言いたいこと、理解できます。ただ、私は、WPLを長期的に見て、一人一人の内発的動機付けで推進したいんですよね。私たちがいなくなっても、各職場でこの取り組みが長く続くようにしたい。だから、営業マネジャーたちがWPLを推進していることを、どのように評価をするかとい

うことも含めて、外発的動機付けの必要性や方法は、各支店の状況を詳しく分析した上で検討するのがよさそうです。議論を深めて最善の方法を見つけたいですしね。一方で、ゴール指標はしっかりと見ていきたいです。今後もさまざまな場面で根拠は求められると思います。人事との連携も視野に入れていくことになるでしょうから」

　天野のこの言葉に、田村も同意した。そして、「私としても、"外発的動機付けありき"で動きたいわけではありませんので、広瀬さんたちプロジェクトメンバーとも協議したほうがいいですね」と続けた。

　2人のやり取りを見ていた片山も、「賛成です」と明朗な声で続けた。「私たちが、どこまで彼らの自律的な行動を信じてあげられるかも大切なポイントかもしれませんね。いずれにしても、この点の協議が必要であることは、広瀬さんにも伝えておきます」

　片山に「ありがとうございます」と告げた天野は、一呼吸おいてこう続けた。「お二人と話して改めて感じましたが、このWPLというプロジェクトを通じて、我々シニアエグゼクティブが、未来ある若手メンバーのためにできることは、『職場の中で仲間・上司とともに自律的に成長していく職場学習そのもの』、また『その職場学習をよりよいものにするWPLマネジメントという仕組み』を、よいカタチで残してあげることかもしれませんね。未来でも活躍できる人財たちに対して、WPLを私たちからのバトンとして渡せるように、もうひと頑張りしてみましょう。あと、このWPLマネジメントの動きは、誰かが片手間でできるようなことではありませんので、新たに事業企画部の中に『WPL推進室』をつくる必要がありますね」

　天野の決意に、田村も片山も深く頷いた。そして、「自分たちのすべきこと」の重要性を再認識した。

02 組織の未来を切り拓く ファーストペンギン

　WPL推進プロジェクト開始から７年が経過し、広瀬はサンシャイン工業株式会社において新設されることとなったCLO[※]（Chief Learning Officer）に就任することが決まった。

　広瀬のCLO就任を聞きつけた寺尾と佐藤は、お祝いを持って広瀬のデスクに駆けつけた。花束を渡された広瀬は恐縮して、寺尾と佐藤を見た。
「ありがとうございます。正直、自分がこのような立場になることは想像もしていませんでした……」

　そんな広瀬に対して、「いやいや！」と寺尾は言った。そして、若い頃から変わらない笑顔で、改めて広瀬を祝福した。

※CLOは、企業や組織における学習と発展の戦略と施策を統括する役職で、従業員の教育、トレーニング、プロフェッショナル発展、そして組織全体の学習文化の推進といった責任を持つ。

「3人で初めて行ったプロジェクトを終えてから、『WPL推進室』の室長になって全支店展開を図ったら、早々に成果を出して。瞬く間に、事業部を越えて、全社的な変革にしてしまったもんね。さまざまな部署で広瀬さんたちがリードするWPLの取り組みが注目されているのを見て、こうやってプロジェクトって全社へ浸透していくんだな、と感じたよ。広瀬さんの部下たちもWPLマネジャーとしてちゃんと育っているよね。そして、いよいよ事業部を越えて、会社全体のCLOとは！　僕としても感慨深いよ！」

　佐藤も寺尾に続いて、広瀬を祝った。一番近くで広瀬の奮闘を見守ってきた身として、佐藤の喜びはひとしおだった。
「実際今、うちの会社で『WPLといえば広瀬さん』と、全従業員が答えるレベルになっていますよね。むしろ、会社側の判断はもっと早くてもよかったくらいだよ」

　佐藤の興奮気味のこの言葉に、広瀬は顔の前でブンブンと手を振って「いやいや！」と言った。
「お二人のほうが全然すごいですよ。佐藤さんは、3年前には経営企画部長になられたし、寺尾さんは昨年からIP事業部の事業部長になられたわけだし。どちらかといえば、私はお二人の背中を追いかけて、今日まで来ました」

　寺尾はニッと笑いながら、「だとしたら、今は、完全に追い抜かされちゃったね～。広瀬さんは、本当によく頑張ったよ。その結果が今なんだと思っている」と言った。寺尾のこの言葉に、広瀬は涙がこみ上げた。
「本当にありがとう。思い返せば、初めてのWPL推進プロジェクトを3人でやった時の経験が、今日までの基盤になってる。寺尾さんが東京支店でのトライアルを受け入れてくれなかったり、佐藤さんがアドバイスしてくれなかったりしたら、ここまで来られなかったと思う」
　涙声になる広瀬の言葉を遮り、「ところで」と佐藤が言った。どんなに役職が上がっても、佐藤はマイペースである。

「これまでの広瀬さんの取り組みを見てきて、改めて思ったんだけど、WPLという取り組みは、個々の職場における取り組みの積み上げなんだと感じたね。うちの会社では、結果として東京支店のパイロットプロジェクトから始めて、段階的にプロジェクトを大きくしていったけれど、今思うと、これをいきなり全社施策として取り組んだら、きっとうまくいってなかっただろうね」

　佐藤の振り返りに、真面目な表情に戻った広瀬も同意した。
「確かに、プロジェクトを広げる中で、各職場の特徴を感じたわ。全社一律のアプローチでやっていたら、その違いを見落としていたかもしれない。私は、『WPLキャンバス』をコンパス（羅針盤）のように見ているんだけど、各職場ごとにオリジナルのコンパスができている。そして、『WPLパーパス』がその多様な方向性を一つにまとめてくれる。このパーパスを基に、キャンバスを個別化し、個々の職場の個性を大切にした施策を展開するのが、プロジェクト推進の鍵だと思っているの」
　2人のやり取りを見ていた寺尾も頷いた。
「僕も同感。事業側にいた僕の立場から見て特によいと思ったのは、最初に決めたWPLキャンバスに固執しすぎることなく、職場の変化に合わせて柔軟に変えていったこと。全てつくり直すくらいの勢いの時もあったよね。2人が変化の中で柔軟に対応していく姿勢を見て、僕は“これが未来のプロジェクトの在り方だ”って感じてたんだよね」
　佐藤は寺尾の言葉に「確かに」と頷いた。
「プロジェクトを進めるためには、その点は重要でしたね。今思うと、僕らがそのように柔軟な進め方ができたのは、天野さん、田村さん、片山さんが、僕らのそういった行動を受け入れてくれていたからなんだろうな。今さらですが、当時の3人のシニアエグゼクティブには感謝しかないですね」

　広瀬は3人のシニアエグゼクティブに緊張しながらプレゼンテーションをした日を思い返していた。そして、これからの自分たちを彼らに重ねて語った。

「私たちにはWPLを未来につなげる責任がある。次世代の人財が自分たちの手でWPLを進化させられるような環境づくりが必要。私がCLOに就任したのもそのためだと思っているわ」

「確かにそうだね」と寺尾は大きく頷きながら続けた。

「なりゆきかもしれないけど、広瀬さんにとってのWPL推進プロジェクトみたいに、結果の見えないことに対して、誰よりも先に、勢いよく飛び込んでくれるような頼もしい人財がこれからも育つといいよね。僕たちは今、当時の天野さんたちシニアエグゼクティブの立場になっている。未来の人財育成のために、もっと大きな受け皿として成長しよう！」

寺尾の目はより未来を見据えていた。その晴々とした表情を見て、広瀬も佐藤も深く頷いた。

オフィスにはあたたかな夕陽が差し込んでいる。混沌とした世界において、未来人財たちはどのような朝日を見せてくれるのだろうか。3人はそう遠くない将来に思いを馳せて、再び歩み始めた。

インタビュー

WPL推進活動に取り組まれている
企業のご担当者様にインタビューを
させていただきました。

- AGC株式会社様
- 株式会社JALサンライト様

チームで成果を出すために WPL による
個人の成長を支援する

３つの事業部を横断して、若手エンジニアの育成活動を推し進めてきた
AGC 株式会社　フロート技術推進部様。６年間の取り組みを経て、今、変
化の兆しを感じているといいます。今回は人財育成プロジェクトを推進し
てきた伊藤 純也氏と古居 雄二氏に、活動にかける想いやポイントについ
て話を聞きました。

伊藤 純也様
AGC 株式会社　フロート技術推進部　人財基盤グループ　グループリーダー
古居 雄二様
AGC 株式会社　フロート技術推進部　人財基盤グループ

育成に関心を持ったきっかけ

森田　AGC 様ではフロート技術推進部が発足してから６年が経過し、その
　　間若手エンジニアの人財育成に注力されてきました。前任のご担当者から
　　このプロジェクトを引き継ぎ、育成活動を継続して推進されているとうか
　　がっています。はじめに、プロジェクトを推進しているお二人が、育成に
　　興味を持ったきっかけについて教えていただけますか？

伊藤　私の育成に対する興味は、入社４年目で製造部門に異動した際から始
　　まりました。私は技術者で、製造現場の方たち（工場の現場で技能者とし
　　てラインに携わる方たち）が、予想外に理論的なことを知らないことが多
　　いと感じたんです。土台となる基礎知識の習得や新情報の伝達が必要と感
　　じ、最初は、パワーポイントを活用し、製造技術、ISO、変革していく組
　　織になるためにはどうするかなどのさまざまなテーマで講義し、改善活動
　　を展開しました。これらが功を奏したのか、製造現場の方たちと一緒に大
　　きなコストダウンに成功した体験があり、「人財育成は面白い」と思うよ

うになったのです。学生時代に教師になりたいと思っていたので、もともと人を育てることに関心があったという背景もあります。

　日本ではある程度うまくいったので、今度はインドネシアやフィリピンでも人財育成に取り組んだのですが、こちらはなかなかうまくいきませんでした。その後中国で事業再生に取り組んだ際には、状況が厳しく、コスト削減でなんとかなるレベルではありませんでした。そこで求められていたのは、新たな事業を立ち上げてトップラインを上げていくこと。そこで生産性を高め、お客様に合致する良品をつくれるようにするという目標を掲げて真剣に取り組みました。日頃から何事も目的や目標を明確にして取り組んでいくことで、次第にそうした意識が現場に根付くようになっていきました。この経験からは、きちんと目的や目標を掲げ、それを自分ごととしてやっていかなくてはならないという学びがありました。この経験は、私にワークプレイスラーニングにおいても目標が重要であることに気づかせてくれたのです。

　日本に戻ったタイミングで、フロート技術推進部が行っている事業部横断的な、製造エンジニアに対する人財育成プロジェクト（上司が行う部下に対する1on1を中心としたワークプレイスラーニングの改革）に入らないかと誘われます。今まで漠然と経験則で捉えていたことが、このプロジェクトでは概念化されており、腹落ちしました。「もしかしたらこれがずっと私が抱いてきた問いの答えなのかもしれない」と思い、それが私のモチベーションとなってプロジェクトに飛び込んだのです。

森田　伊藤さんがこの育成プロジェクトをリードすることは、運命だったのかもしれませんね。古居さんはいかがでしょうか？

古居　私は昨年ポストオフとなり、フロート技術推進部の人財基盤グループに配属されたことが人財育成への取り組みの始まりでした。社会人人生の３分の１を海外で過ごし、さまざまな拠点や部署を経験しました。海外では共通して現地メンバーによる工場マネジメントの推進を行いましたが十分な成果が得られず、「どうしてうまくいかないのだろう」という思いを

抱き続けていました。現在、人財育成に携わるようになり、その理由が少しずつ見えてきているような気がします。やっぱり行き着くところは「人」なんだよなと。

　もう一つ、全社制度として四半期に一度、部下と一対一で面談する機会があります。振り返ると私はその面談を単に業務課題の進捗管理のためにしか使えておらず、部下の育成に活用できていなかったと反省し、悔やんでいます。本来の意味での1on1はできていなかったですね。現在、育成業務に関わるようになり、インストラクショナルデザインやファシリテーション、コーチングといった育成に関する本を読んだり、研修を受けさせてもらったりもしながら実践的に学んで、多くの気づきを得ています。自戒の念を込めて、後輩たちに「こういう手法があるよ。こういうことが部下の育成につながるよ」ということを伝えていきたいと思っています。この活動をより多くの部署に広げていくことができたらいいなと思っています。

森田　古居さんのように製造部門でマネジメントを担当された方が、これまでの経験と新たに習得された人財育成の知見を掛け算して、今回のような若手人財の育成プロジェクトをリードされることは、組織としても大きな価値になりますね。

AGC様での取り組み内容

森田　現在の御社の取り組みを、可能な範囲で教えていただけますか？

伊藤　育成対象者となるターゲット人財を定め、上司の指導方法や環境づくりに取り組んでいます。このプロジェクトがスタートした時は、そもそも仕組みが何もないところからだったので、まずは現状分析を行った上で、人財要件（エンジニアにとって必要なテクニカルスキルとノンテクニカルスキル）を決めたり、指導方法を検討したり、実行するための仕組みを整えるのに数年費やしたと前任者から聞いています。3事業部をまたいだ取り組みなので、関わるステークホルダーも多く、整理するのも大変だった

と思います。その後、実行フェーズに入ってからは丸3年が経過し、「まずはやってみよう」というフェーズを超えたので、取り組みの成果を測り、よりよい方法はないかを模索し、改善を繰り返しているところです。

古居　取り組みの中で大切にしているのは、テクニカルな知識だけでなくコーチングスキルを含めた上司の指導力を向上すること、高度平準化することです。若手エンジニアにとっては当然人事異動もありますので、どのチームに所属しても、どの上司がついても、同じ質の指導が受けられる状態にすることが重要だと思っています。そのために、上位上長がこの活動を深く理解し合意していることも重要なので、そこへのフォローも欠かせないですね。

森田　取り組み中ですが、現時点においてどのような変化がありますか？うまくいっているポイントと難点を教えてください。

伊藤　これまでは、業務内でうまくいったことがあっても上司と部下で労い合うだけでした。現在は、1on1があることで、「成功のキーサクセスファクターは何だったのか」などを振り返ることができるようになりました。こういうことができるようになると、また次のステージに上がっていくことができます。ただ、経験学習の「概念化」を深めることは、いまだ難しいと私自身も感じています。本人の気づきをより増やすための上司からの問いかけと本人の資質やマインドセットの掛け合わせになるので、ここは重要かつ難しいところですね。

古居　これまでは結果にしか目が向けられておらず、成功したことは称賛されるものの、成功するに至ったプロセスや学びにはあまり注目されてきませんでした。しかし、今回取り組んでいる1on1によって、「そのためにどれだけパワーをかけたか」や「どういうプロセスを踏んだか」といったところも拾い上げられるようになりました。
　また部下の気づきをうまく引き出せるようになった上司の方も少なくあ

りません。目前の業務だけでなくリーダーシップやマネジメント力を持ち合わせている方の中には、幹部になった方もいます。今後取り組みがさらに継続されていくと1on1による指導を受けた部下が、上司として1on1を行う立場となっていくことになるでしょう。また、1on1指導を行っていた上司が上位上長となり環境を整える役回りになることも増えていくはずです。個人の成長が広がっていけば、組織の価値もより高まるのではないかと考えています。このように活躍されている姿が見えてくると非常に嬉しいですね。

ワークプレイスラーニングを通した学び

森田　取り組みを通して、学んだことや概念化できたことはありますか？

伊藤　先ほどお話しした「目標が必要である」ということに加えて、学び合う環境になるためには、心理的安全性が欠かせないということを学びました。「間違ったことを言っても大丈夫」と思えなければ、学び合える環境になっていきません。そのため、上司や上位上長は、いかに心理的安全性が担保された職場をつくっていくかが大事だと思います。上司が悩んでいることや自分の弱みを部下にさらけ出せるようになっていくと、ティーチングの状態から学び合いの状態へと変化していくように感じています。そのため、上司同士の情報交換の場は定期的に設けるようにしています。

古居　上司が集まる場では、普段の指導の仕方や評価方法を共有したり、コーチングのロールプレイを実施してフィードバックしたりしています。上司たちにとっては貴重な学びの場になっているようです。以前は、こういった場は用意することができなかったので、大きな変化ですね。

森田　VUCAの時代、誰も答えを持ち合わせていない今だからこそ、学び合う場は一層必要かもしれませんね。

伊藤　わからないことをわからないと表明していかなければ、この時代は乗り越えられないと思います。これまでのようにわかっていることを伝えていくために1on1をするのではなく、わからないことをテーマにして上司と部下が一緒になって答えをつくっていくような1on1をすることが必要だと考えています。

ワークプレイスラーニングを成功させるコツ

森田　ワークプレイスラーニングを各組織で広げる際のコツはありますか？

古居　ワークプレイスラーニングの中で、たとえば部下に1on1を実施する際にうまくいきそうな兆しが見えない中で活動を続けるのはしんどいですよね。小さくてもいいので、何か成果が見えるとワークプレイスラーニングが促進される土台が整っていくように思います。先ほど話した上司同士の情報交換の場では、こうした成功事例の共有も積極的に行っていこうと思っています。

伊藤　私が、中国のプロジェクトに関わった際に、結果的に現地でオペレーションできるところまで持っていくことができたのは、「自分たちでできる」というモチベーションを大切にし、できることを1つずつ増やしていったからです。「これもできるようになったね」と見える化すれば、新たな意欲へとつながります。よいチームの中で、こうしたワークプレイスラーニングの仕組みを構築・運用し、好循環を生んでいくことができれば、一層強いチームになっていくと思います。個人の成長は大切ですが、やはり組織ですので、チームとして成長して、最終的には組織の成果につながるような取り組みにすることを常に意識しています。

森田　そもそもよいチームとは、トップの方のお考えや方針の明確さなどに起因するのでしょうか。

伊藤　同じ価値観を共有していることではないでしょうか。共通の価値観の
　　　もとで、みんなが行動できること。そこがドライブになっていきますよね。
　　　当社は規模が大きいため、全社ではなく、事業レベルで価値観を具体に落
　　　とし込まなければ、価値観の共有は難しいと思います。価値観が自分ごと
　　　として共有されると、メンバーがまとまってチームとなり、同じ方向に向
　　　かって努力ができるようになります。そうなれば、メンバーが自ら学ぼう
　　　とするようになり、チームビルディングをしなくても結果的にチームビル
　　　ディングができているという状況になるのではないでしょうか。

森田　ワークプレイスラーニングが促進される土台を築くためには、具体的
　　　な価値観が共有されていることがすごく重要なのですね。

伊藤　そうですね、そこがバラバラだと絶対にまとまらない。一番根源にな
　　　ることだと思います。
　　　　ワークプレイスラーニングが活発になってくると、お互いに目的を達成
　　　しようとする姿勢を持った「チーム」になっていきます。そのチームに
　　　なった結果が、パフォーマンスに表れてくるということだと思うんです。
　　　すなわち、過程がすごく重要です。「彼が頑張っているから僕も頑張ろう」
　　　といった、コミュニケーションを取って学び合いながら、目的を達成しよ
　　　うとしていく。よいチームというのはそういうチームだと思います。

森田　チームとしてワークプレイスラーニングが実現されるようになると、
　　　「1＋1＝2」といった単純な足し算ではなく、掛け算になっていくよう
　　　なイメージで成果が増していくのかもしれませんね。

伊藤　確かに、本来であればできなかったようなことができるようになって
　　　いくかもしれませんね。

古居　意図的に設計されたワークプレイスラーニングを組織的に実行できれ
　　　ば目標に向かっていくスピードも速まりますし、より高みにも登っていけ

ると思います。総和としてチームとしてのアウトプットも大きいものが期待できるようになります。

伊藤　ワークプレイスラーニングはチームづくりにつながっていくような気がしますね。

森田　そうですね。確かに筋肉質のチームをつくるということなのでしょうね。

古居　そのためにはトップが育成について具体的なビジョンを持ってコミットできることが重要ですね。

事例のポイント

☑ 現場に寄り添い、成果につなげる
人財育成と組織の成果を結びつけつつ、現場の皆さんに寄り添う姿勢でプロジェクトを推進されており、その姿勢こそが重要だと思いました。

☑ 思いの通った人財育成に
自社の将来を担う人財（未来で活躍する人財）に対する深い愛情のようなものを感じました。「恩送り（pay it forward）」という言葉がありますが、この人財育成プロジェクトを通して、その思いのバトンが渡されているように思います。

☑ 継続的に、粘り強く
人財育成は長期にわたる取り組みです。長期のプロジェクトでは、人事異動による断絶などの問題が生じがちですが、このプロジェクトでは思いが受け継がれ、新たな担当者の知恵によりさらに強化されていることが感じられます。持続可能な人財育成戦略、それを実行する「人」、現場で実践する「人」の全てが揃った時に、初めてワークプレイスラーニングが効果的に展開されるということを実感しました。

WPLを育む経営者の哲学

ワークプレイスラーニングを実装していくには、現場の上司・部下が学び合う姿を見守り、人財育成を重視する組織へと舵を切っていく、シニアエグゼクティブの役割が重要です。そこで、株式会社JALサンライト　代表取締役社長の城田 純子氏に「人」を軸にした企業の経営について話を聞きました。

城田 純子様
株式会社JALサンライト　代表取締役社長

森田　現在、JALサンライト社の代表を務めていらっしゃいますが、「人」を軸としてどのようなことに取り組んでいますか？

城田　JALサンライトの代表に就いて1年半が経過しました。当社は、「障がいを仕事の障害としない環境をもとに多様性を活かし、新たな価値を創造し続けます」という企業理念を掲げ、JALの給与・福利厚生などJALグループ社員の仕事や日常を支える事務サービス業務に加えて、航空券類審査などお客様の空の旅や、客室乗務員の勤務スケジュール作成など最前線で働く仲間を直接支える業務、さらに新たなチャレンジとしてシューシャインやネイルルームの運営、農作業など多岐にわたる事業を行っています。

　各事業を担当するチームそれぞれに業務内容が異なるので、企業としてはクオリティを担保しながら、人員配置やジョブアサインメントを最適化し、成果を出していくことが求められています。個人という視点に立てば、社員一人一人のキャリアを考えながら業務ローテーションを行い、育成していくことが重要となります。日々試行錯誤しながら、両者のバランスを

とって事業を大きくしていくことに注力しています。

森田　本書は、ワークプレイスラーニングという職場学習をテーマにしています。おっしゃる通り、「人」という軸においては、人財開発だけでなく、キャリア開発や人員配置という視点も非常に重要ですよね。

城田　そうですね。キャリア開発と人員配置、そして人財開発の掛け合わせが大切だと思っています。

　キャリア開発においては、一人一人に意識付けをして、キャリアビジョンを思い描いてもらい、しっかり活躍してもらうことが重要です。当社は社員の約半数が障がいのある社員です。配慮が必要ですが、過剰な気遣いはよくありません。また、それぞれキャリアビジョンは異なるでしょうし、必ずしも現在の仕事がやりたい仕事とも限りません。そうした中で、自分のキャリアに自信を持って、モチベーション高く取り組んでもらうことを大切にしたいと思っています。

　人員配置についても、多岐にわたる業務の中でどのように人財を最適に配置していくかについて、常に頭を悩ませています。たとえば、個人のキャリアパスを考えた時に、異なる業務を経験してもらったほうが能力を伸ばせる場合でも、その人がチームから抜けてしまうと現業が回らないということは往々にしてありえます。「今は異動の時ではない」とキャリアチェンジを見送る際には、成長の機会を奪ってしまっているのではないかと心が痛むこともあります。そうした時には、一足飛びに異動してもらうことは難しいのですが、先を見据えて、少しずつ経験を積んでもらうようにしています。まずは、その人に属人化している業務を見える化し、徐々に他のメンバーに業務を移管していくことを早急に進めます。そして、タイミングを見て異動の機会を設けます。人事権を持つということは、能力を見極めながら人員配置をしていくということです。それは誰かの人生を左右するということを意味しており、時に怖さも感じます。

森田　人財開発についてはいかがでしょうか。

城田　人財開発については、一人一人のキャリアパスを描くことに加えて、今まで見過ごされてきた原石をいかに見いだして、その人が活躍でき、評価されるようにしていくかを大切にしたいと思っています。人財不足で採用競争も激しくなっている環境下では、現在の社員にどれだけ能力を発揮してもらうかが事業成長の鍵になりますからね。

　結局のところ、人財開発についても、人事権を持っている人の方針が大きな影響を及ぼすと考えています。教育の機会を与えずに、「能力がない」「向いていない」と見切りをつけてしまえば、その人は力をつける機会を失います。さらに、「できない人」というレッテルを貼られ、会社の中でチャンスを与えられない負のスパイラルに陥ってしまいます。人財開発においては、「どうすればその人は育つのか」「どうすればその人に伝わるのか」を考える視点が不可欠です。単純なパズルのように人財を考えてはいけないと思っています。

森田　城田さんは、個々の「人」に対して深くて温かい想いをお持ちのように感じます。そのように考えるようになったきっかけがあるのでしょうか。

城田　私のキャリアの原点が客室乗務員だからでしょうか。客室乗務員はとにかくお客様という「人」を大切にする仕事です。自身が客室乗務員の時には、常にお客様の様子を観察していました。チーフになってからは、チームメンバーの客室乗務員を通してお客様の様子を見ることが増えました。メンバーから報告を受け、たとえば、お客様が怒っていらっしゃるのであれば、「まずはクラスの責任者に対応してもらい、それでもダメなら私がいこう」とか、「関西のお客様であれば、大阪出身の客室乗務員のほうが、話が弾むのではないか」というように、お客さまの様子を観察しながら、個々の客室乗務員たちが持っている能力を見定めて、チームとして成果を上げていくマネジメントをしていました。成果を出すための近道は、メンバー全員がフライトを楽しみ、気持ちよく働くということ。楽しいと思えていると、お客様からお叱りを受けて落ち込むことがあっても、すぐにリカバリーできるからです。そういう意味で、もちろんお客様のご満足

は追い求めるのですが、まず自分たちが幸せでいられるということを大切にしてきました。

　その考えの本質は、今も変わっていません。もちろん収支等経営管理は大事なのですが、私が経営者として一番大切にしていることは、社員が働きがいを感じ、仕事が楽しいと思える環境です。実際にこうした話は社内でもよくしていますね。

　客室乗務員の人財開発は、お客様満足度という明確な指標があるため、社員の働きについての成果の判定がわかりやすいという特徴がありました。しかし、現在は、全ての業務で私が社員と一緒に汗をかくわけではありません。そうなると、重要になるのは管理職の意識です。

森田　管理職の方に向けて実施されていることがあれば教えてください。

城田　管理職の意識改革を促すための教育に取り組んでいます。部下をきちんと指導したり、異動してきた人に業務を教えたりできる"素敵な"管理職を育成していかないと、いくら成長意欲が高く、やる気に満ち溢れた部下がいたとしても、うまくいきませんよね。

　これまで、階層別の昇格研修が仕組み化されていなかったので、昨年から導入をスタートしました。以前は、「こうやるもの」とタスクをこなす中で人を育てていて、研修がないまま技能伝承がなされているような側面がありました。この書籍においては、ワークプレイスラーニング1.0の世界観と言えるのかもしれませんね。それでも、少なくとも目前の業務は回っていたのです。しかし、それは理想的な姿ではありません。研修で体系的に学び、職場では上司や先輩からの指導が加わること。そして、昇格したのであれば、「おめでとう」「頑張ってね」と伝えたり、動機付けたりすることも必要でしょう。

　また、毎週の管理職ミーティングでは、しつこく「人は現場で育ちます。だから、あなたたちが育てるのですよ」と伝えるようにしています。他にも、管理職には、期初と期中と期末に部下と面談をしてもらっていますが、その際のコミュニケーションについてもレクチャーをしています。「餅つ

き」を例に挙げて、人財育成におけるコミュニケーションを説明すること
もあります。部下が杵を持ってお餅をつく人ならば、上司である管理職は
お餅をひっくり返す人。お餅を一生懸命ついている本人はうまくできてい
るのかわからないので、「いいね。真ん中につけているね」「もうちょっと
強くついてみよう」「美味しそうにできているよ」といったフィードバッ
クをしてあげる必要があります。こうしたコミュニケーションを心がけて
いれば、「今年の目標は？」「そうなんだ。頑張って」というステレオタイ
プなやり取りには終わらないはずです。

　次第に、管理職から「部下がこんなことを言ってくれたんです」といっ
た嬉しい報告も上がってくるようになりました。育てている実感が持てる
ようになると、管理職たちも変わっていくと思います。まだまだ始まった
ばかりですが、よい兆しは見えています。

森田　管理職の方が変わっていけば、組織としても変化しますよね。経営者
　になられても、管理職の方に対して丁寧に寄り添ってご指導をなさってい
　るのですね。

城田　そうですね。そういう意味では私が実施していることは、他企業であ
　れば部長職が担われていることなのかもしれません。ただ、「人」の育成
　のところは、経営の根幹のところですので、変化の兆しが見えるところま
　では私の責任だと思ってやっています。人の育成は長期戦ですし、地道な
　作業ですよね。「言わなくてもわかるでしょう」ではなく、反応が悪かっ
　たら「伝わっていないな」と思って、アプローチを変えてみる。これはど
　の層に対しても必要なことだと思います。行動が伴っていない人には、
　「やり方がわからない」「意味がわからない」など、必ずどこかで引っか
　かっているポイントがあるはずなので、手を差し伸べて、理解しやすい方
　法で伝える必要があります。

森田　「人」の育成においては、最前線で働かれている現場の従業員の方々
　の生の声に本質が内包されていることが多いように思います。現職となり、

現場との距離が遠くなってしまった面もあると思いますが、生の声を得るためにどのような工夫をなさっていますか。

城田　私自身も360度評価を受けて、そこでの現場の声を大切にするように心がけています。社員全員から高評価を得ることはなかなか難しいですが、ネガティブな意見や意外性のある意見には、本質的なことが潜んでいることも多いと思うので、取りこぼさないようにしたいと考えています。

　また、現場に足を運んで、社員に話しかけるようにしています。本社が天王洲にあり、他に羽田空港整備地区、羽田空港、成田空港と全部で4拠点あるのですが、意識的に遠いところから回るようにしています。1on1でも立ち話でも何でもいいので話を聞き、現場の状況を汲み取って想像できるように意識しています。私自身は、現場から遠くなっている感覚はありませんが、組織図的には遠くなってしまっているので、その姿勢は大切にし続けたいです。

森田　最後に改めて、「人」を軸に考えた時に、城田さんが大切にしていることはありますか？

城田　「誠実に、大切にする」ということに尽きると思います。そういう考えでないと、人を育てること自体、おこがましいですよね。

　一般的に多くの組織では上司と部下の関係は、長くて5年程度だと思います。早ければ1年ということもある。意外と短いんですよね。自分が上司でいる時に、部下から成果というリターンがあるかは運のようなもの。実際には、ないことのほうが多いでしょう。でも、その上司と部下の組み合わせで過ごすことになったのもご縁です。部下に熱い思いを持って学んでもらい、その後の人生が豊かになることを願うくらいの姿勢でよいのかもしれませんね。私がいなくなってから、「城田が言っていたことは、こういうことだったのか」と、トンネルが開通するように見えてくることがあるかもしれませんね。

☑ **徹底した経験学習**

客室乗務員の皆さんは、フライト後のデブリーフィング（振り返り）を重視しているそうです。城田さんは多くを語りませんでしたが、数々の修羅場を乗り越え、ご自身の経験から生み出された確固たる信念が感じられます。ある意味、経験学習を回すプロフェッショナルともいえるでしょう。

☑ **社長自らアクションする**

城田さんは、「人」が大切だということを伝えるだけにとどまらず、決して人任せにせず、その考えを直接的に管理職や従業員に伝え、支援する役割を果たしています。私が、"素敵な"経営者だと感じた根幹の部分なのかもしれません。

☑ **主体的に文化を醸成する**

経営者の思想や言動が会社文化を形成し、ワークプレイスラーニングの環境を整え、従業員のエンゲージメントを高め、組織は成長していきます。城田さんの話から、このようなプラスの連鎖について私も改めて学ばせていただきました。

第 **2** 部

WPL3.0 解説編

[解説編について]

第2部では、WPL3.0に関連する用語や考え方、第1部の物語で登場したWPL推進プロジェクトで用いたツールや指標について解説しています。ただし、職場環境は、組織ごとに異なりますので、ここでご紹介したものは全て、あくまでも参考であり、適宜、組織や人財に合ったアレンジが必要となりますことは、あらかじめご承知おきください。

Workplace Learning

ワークプレイスラーニングとは

01 ワークプレイスラーニング

　ワークプレイスラーニング（Workplace Learning ／ WPL）とは、「個人や組織のパフォーマンスを改善する目的で実施される学習とその他の介入の統合的な方法」（Rothwell & Sredl (2000)）のことです。

　企業に属する従業員には、組織の成果（ビジネスゴール）達成に貢献するために、それぞれの職場の業務において「期待される職務上のパフォーマンス（パフォーマンスゴール）」があります。「パフォーマンスゴール」と「パフォーマンスの現状」との間にはGAPがあるため、そのGAPを埋めるための課題解決の手段として「学習」は不可欠なものとなります。

　企業内における従業員の学習は、大きく４つに分類できます（**図2-1**）。
❶ 自分の経験を実践に活かしていく学び（経験学習）
❷ 上司・先輩・同僚からの学び（OJT、1on1、対話など）
❸ Webや書籍などを利用した情報での学び
❹ 研修での学び（Off-JT、eラーニングや集合研修など）

　このうち❶❷❸は、「職場での学び」で、本書では、これらをワークプレイスラーニング（WPL）と呼びます。**図2-1**に示すように、「学びの全体像」を100％とするならば「職場での学び（WPL）」が90％以上を占め、「❹研修での学び」は10％程度に過ぎないと言われています。
　そのため、従業員の学びの効果を最大化するためには、職場の学習環境を整えることが重要となります。
　「❶経験学習」を効果的に回すために、「❷上司・先輩からの学び」を組み合わせて、マネジメントしていくことが個人と組織の成長の鍵を握っていると言えます。昨今は、「❸情報での学び」の割合も増えていることも視野に入れておく必要があるでしょう。

　WPLを成立させるためには、従業員が「職場で学ぶ能力」を持つことが前提

図2-1　パフォーマンスとWPLの関係性

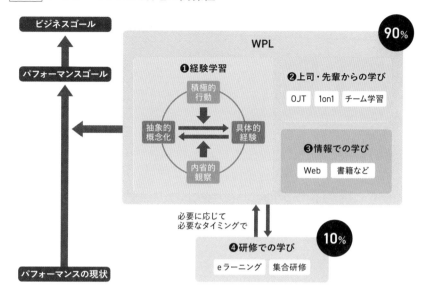

となります。これは、自分の学びの必要性を理解し、必要なリソースを見つけ、経験を整理し、結果を評価する能力のことです。このような能力を持ち合わせている人は、自分で学び、主体的に取り組むことのできる人と言えるでしょう。

　VUCAと叫ばれている今こそ、私たちは、教育は受け身で与えられるものだという考え方から、能動的に学ぶ「職場の学習者」へと考え方を変える必要があります。ゆえに、企業の人財育成戦略も、このような能力を持つ人財を育てる方向へと変える時なのではないでしょうか。学ぶことに対するマインドセットを変えることは短期間で達成できるものではありません。人財を育てる企業は、長期的な視点で、個人のマインドセットを変え、他社とは異なる「人財の模倣困難性」をつくり上げていく必要があるのではないでしょうか。

02 経験学習モデルとは

　経験学習モデルは、まさに職場学習の「エンジン」と言えるものです。このアプローチは、David A. Kolbによって1984年に提唱され、今日のビジネス環境においても非常に重要な役割を果たしています。

　このモデルの核心は、以下の4つのプロセスで構成されています（図2-2）。

具体的経験（Concrete Experience）：実際の職務経験や特定の出来事を指します。成功や失敗の経験を通じて、学習者は情報や感情を受け取り、それらを自分の文脈で理解しようとします。これは学習プロセスの出発点です。

内省的観察（Reflective Observation）：学習者が自分の経験を振り返り、考察し、分析します。客観的な観察を通じて、現状を深く理解することが重要です。ここでは、過去の経験を振り返り、他人の批判やアドバイスからも学び、他人の成功から教訓を引き出すことが含まれます。このプロセスは、経験からの学びを深めるために行います。

抽象的概念化（Abstract Conceptualization）：内省的観察の結果を基に、新しいアイデアや理論を形成します。具体的な経験を抽象的な概念に変換し、一般的な原則や理論を導き出すことで、経験を体系化し、それを「マイセオリー」として紡ぎます。このプロセスは、経験を単なる出来事ではなく、将来のシーンで活用できる教訓に変えるために行います。

積極的行動（Active Experimentation）：考えたことを実際に試してみる段階です。ただ考えるだけではなく、新しいアイデアや理論を実践に移し、実際に行動することで学んだことを試します。積極的行動は、新しいスキルや知識を獲得し、次の具体的経験に向けて準備するプロセスを意味します。

　これらのプロセスは、日常生活で無意識に行われることもありますが、意識

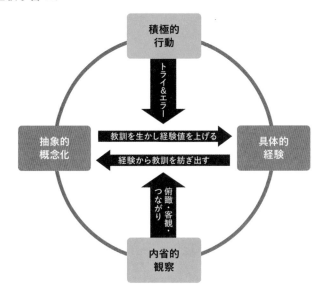

図2-2 経験学習モデル

的に活用することで、学習と成長の効果を最大化できます。

　経験学習とは、学習者が自分自身の経験を通じて、他者や環境と相互作用しながら知識を構築するという考え方です。

　職場での学習を促進する際、重要なのは「具体的経験」と「抽象的概念化」を効果的に結びつけることです。従業員がこれらのプロセスを体験できるように奨励し、上司や先輩が支援する環境を構築することが、成功への鍵となります。

　このアプローチを採用することで、従業員は自らの経験を最大限に活用し、組織全体の学習能力と革新性を高めることができます。

　VUCAの時代では、自ら考え、問題を解決し、前進する能力が特に重要です。経験学習モデルは、このような環境下での自律的な学習を促進する強力なツールです。

03 WPL3.0

WPL3.0の定義

不確実な未来において活躍できる人財が育つように、
個々人の自律的な学習を引き出す「経験学習」をベースとした
職場ごとに最適化された学習支援が行われている状態のこと

　WPL（職場学習）は、昔から当たり前のように行われているものです。
「あなたの会社ではどのようにWPLに取り組んでいますか？」と問いかけると、
「OJTをやっています」「1on1はやっています」「上司はコーチングしています」
「ちゃんと新人は先輩社員の背中を見て学んでいます」といった答えが返ってきま
す。では、「そのWPLは効果的に行われていますか？」と問いかけるとどうで
しょうか？

　本書では、WPLの概念を、3段階に分けて考えることにしました（**図2-3**）。

WPL1.0：模倣中心の個人依存型の職場学習

　個々人が職務を実行するために、自然発生的に行われている職場学習のこと
を指します。たとえば、上司や先輩の背中を見て真似て学ぶといったものがこれ
に当たります。この段階では、会社の施策として、OJTの仕組みや公式なサポー
ト体制は整っておらず、属人的なものとなります。

WPL2.0：組織として一律化された職場学習

　会社としてOJTの仕組みや制度が導入されている職場学習のことを指します。
新人のためにOJT指導員が設置されたり、部下指導を強化するために上司がコー
チング研修などを受講したりします。ただし、継続的なフォロー体制までは整っ
ておらず、多くの場合、運営は曖昧なまま職場に任されるため、結果的に職場ご
とのやり方は属人的なものになり、効果的な職場学習が行われているかは問われ

図2-3 WPL3.0

WPL1.0

模倣中心の個人依存型の
職場学習

WPL2.0

組織として一律化された
職場学習（制度の導入）

WPL3.0

職場ごとに最適化された
職場学習

- 日常業務の中で学びが自然と発生したものに限られる
- 個人の取り組みや経験のみに基づいている
- 会社としての体系的なサポートは存在しない
- 先輩や上司、他者を観察して学ぶ

- 会社として職場学習の制度や研修を導入（上司部下の1on1を推奨、コーチング研修の実施など）
- 上司も部下も自分ごとにはなりきれておらず、どこか受け身
- 上司や上位上長によるサポートは不均一（属人的）
- 全ての従業員に等しく効果をもたらすわけではない

- 職場の特徴に合わせた職場学習が行われている
- 組織全体での戦略的な取り組みとして位置づけられる
- 上司や上位上長は、学習を支援し強化する役割を果たす
- 従業員自身の学びのマインドセット（自律性）が重視される
- 経験学習のサイクルが効果的に回る

ません。

WPL3.0：職場ごとに最適化された職場学習

　WPL2.0の課題を解決する職場学習です。1つの会社であっても、職場ごとに職務、文化、歴史、環境、所属する人員の個性・能力などが異なり、職場ごとの"個性"があります。WPL3.0は、"全社統一の仕組みを職場に落とす"形ではなく、職場ごとに職場学習のゴールを設定し、最適化された仕組みや運用方法を取り入れていきます。①従業員自身が自律的に経験学習を回すマインドを持ち努力し、②その上司は部下の学習を支援し、③エグゼクティブは職場学習環境を構築する、という条件が揃うことで、より高度に職場学習を実現することが可能となります。

　WPL3.0は、育成制度のスキマを埋める新しい職場学習の考えとも言えます。VUCAの時代に、属する全ての従業員が未来に活躍できる人財として育っていく職場にしていくためには、WPL3.0の世界観が求められるのではないでしょうか。

04 「職場」を定義する～ WPL ストラクチャ

WPL3.0の世界では、職場ごとの個性を大切にします。

では、「職場」とは何を指すのでしょうか？　ここでは、職場を定義づけておきたいと思います（**図2-4**）。

　職場とは、一般的には仕事を行う場所または環境を指す言葉です。職場の定義は、文脈や立場によって異なります。本書では、職場を"個別化"し、最適な職場学習環境を検討するために、従業員（育成対象者）を中心として、従業員が所属するチーム、もしくはそのチームに直接影響を与えうるエグゼクティブまでを含むチームの集合体を単位として定義しています。もう少し踏み込むと、従業員（育成対象者）、ラインマネジャー（育成対象者の上司）、エグゼクティブ（育成対象者の上位上長）までの3階層をベースに考えることで、職場学習をデザインしていきます。この職場を定義した関係図をWPLストラクチャと呼びます。

> 「職場」とは、従業員を中心において、従業員が所属するチーム（最小単位）、もしくはそのチームに直接影響を与えうるエグゼクティブを含むチームの集合体（最大単位）のこと

　この図のように、対象となる職場を明確に定義することで、WPL施策などを検討する際に、誰が誰に対してどの施策を実施するのかを明確にすることができます。職場内にはさまざまなステークホルダーが存在するため、育成対象者に焦点を当てていたはずが、ラインマネジャーに関する議論になるなど、WPLの議論には混乱が生じることがあります。WPLを計画する際には、常に対象となる人物や視点を明確にすることで、各施策や行動の責任範囲も明確にできます。また、この職場を俯瞰的に見て支援する機能を持つWPLマネジャーとWPLデザイナーを設定し、各職場の各レイヤーに対して、必要なWPL施策を支援することによって、WPL3.0を推進できるのです（WPLマネジャーとWPLデザイナーの役割の詳細については後述します。　p209）。

図2-4 WPLストラクチャ

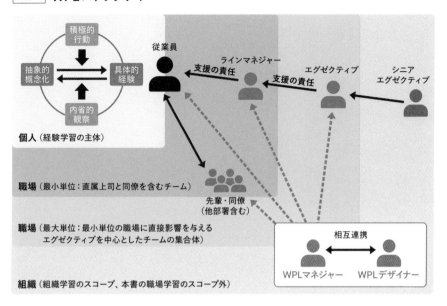

本書で取り上げるWPLは、組織全体としての取り組みと区別して捉えています。WPL3.0においては、職場ごとの違いに焦点を当て、それぞれの職場に適したマネジメントをするように設計を行います。大規模な組織で階層が多い場合、必ずしもこの構造で整理できないこともありますが、ラインマネジャー層を2つに分けるなど、対象となる職場の構造を整理することが望ましいです。それにより、対象となる職場において、誰が誰に対して実施する取り組みが必要かが自然と明確になります。

WPLグランドデザインと
WPLキャンバス

05 WPLグランドデザイン

　WPL3.0を実現するには、全体像を捉え、常に進捗状況を把握しておく必要があります。そのために各職場においてWPLを体系的に整理することが大切だと考え、「WPLグランドデザイン」（図2-5）を活用するようにお勧めしています。

　まずはじめに、「WPLパーパス」と「人財ビジョン」の策定から行います。多くの企業は、すでにミッションやビジョンなどの経営理念を掲げていると思います。それらを人財育成の側面で言葉にしたものが、WPLパーパスです。人財パーパスを実現するために自社が目指す未来人財のあるべき姿が人財ビジョンです。

　その上で、その人財ビジョンの要件を整理し、どのような人財を育成するのかを明確にします。未来人財育成を想定する場合、多くのケースでテクニカルスキル（専門技術、専門分野で必要とされる具体的な技術や知識）に、ノンテクニ

図2-5 WPLグランドデザイン

 WPL Purpose
WPLパーパス
将来の不確実な変化に対応し、持続的な成功をもたらすために、なぜ人財の成長が必要か？

 Workforce Vision
人財ビジョン
将来の持続的な成功のために、長期的、短期的視点の両面でどのような未来人財を育成したいか？

 Workforce Capability
未来人財要件
目指す未来人財の要件はどのようなものか？

WPL推進の3者の行動

Leader behavior
ラインマネジャーの行動
部下の学習支援
ラインマネジャーは、未来人財に成長させるための支援ができているか？その支援スキルを持っているか？

 **Workforce behavior**
従業員の行動
経験学習マインドセット
従業員は、未来人財へと成長する経験学習モデルを回すマインドセットを持っているか？

 **Executive behavior**
エグゼクティブの行動
職場学習環境づくり
エグゼクティブは、未来人財に向かう成長をサポートするための職場学習環境をつくっているか？

文化とは人々の行動そのものです。従業員、ラインマネジャー、エグゼクティブ全員がどう行動するかが文化と言えます。

カルスキル（非専門技術、人々との関係構築や自己管理、問題解決などの能力）を加えた要件になります。経済産業省の「未来人材ビジョン」（**図2-6**）は、2050年には「問題発見力」「的確な予測」「革新性」などのノンテクニカルスキルが一層求められるとしています。

COLUMN #01

未来人材ビジョン

　経済産業省が2022年5月に公表したレポート「未来人材ビジョン」。2050年の未来を見据え、現在の産学官（民間企業・教育機関・国）が直面している人材政策の課題をどのように解決していくのか、産業構造や労働需要の在り方を含めた抜本的な変革が求められ、レポートを基にさまざまな議論がなされています。

図2-6　未来人材ビジョン：求められるスキル

現在は「注意深さ・ミスがないこと」、「責任感・まじめさ」が重視されるが、将来は「問題発見力」、「的確な予測」、「革新性」が一層求められる。

56の能力などに対する需要

2015年		2050年	
注意深さ・ミスがないこと	1.14	問題発見力	1.52
責任感・まじめさ	1.13	的確な予測	1.25
信頼感・誠実さ	1.12	革新性※	1.19
基本機能（読み、書き、計算　など）	1.11	的確な決定	1.12
スピード	1.10	情報収集	1.11
柔軟性	1.10	客観視	1.11
社会常識・マナー	1.10	コンピュータスキル	1.09
粘り強さ	1.09	言語スキル：口頭	1.08
基盤スキル※	1.09	科学・技術	1.07
意欲積極性	1.09	柔軟性	1.07
：	：	：	：

※基盤スキル：
　広くさまざまなことを、正確に、早くできるスキル

※革新性：
　新たなモノ、サービス、方法などを作り出す能力

（注）　各職種で求められるスキル・能力の需要度を表す係数は、56項目の平均が1.0、標準偏差が0.1になるように調整している。

（出所）2015年は労働政策研究・研修機構「職務構造に関する研究Ⅱ」、2050年は同研究に加えて、World Economic Forum "The future of jobs report 2020", Hasan Bakhshi et al., "The future of skills: Employment in 2030" などを基に、経済産業省が能力などの需要の伸びを推計。

（出典）経済産業省　未来人材ビジョン（令和4年5月）、P20

従業員（育成対象者）が未来で活躍する人財となるためには、WPL推進の3者（従業員、ラインマネジャー、エグゼクティブ）の行動が重要です。従業員本人は強い責任感を持ち努力をすることが求められます。それに加え、ラインマネジャーが育成対象である従業員以上の責任感を持って、彼らの学習を支援し、エグゼクティブが職場学習を促進する環境を整える行動をすることが極めて重要です。WPLは3者の共創で成り立ちます。従業員本人だけの責任とすることは避ける必要があります。

　WPLグランドデザインは、バランススコアカード[※]における、「学習・成長の視点」の解像度を上げたものです（**図2-7**）。「財務の視点」、「顧客の視点」を掲げ、業績目標を達成するための面談や施策が行われますが、それらを支える学習・成長の視点については、抽象的なゴール（ありたい姿）のみが示されて、具体的な指標や施策に紐づけにくいという声をよく聞きます。
　また人財育成は時間がかかる取り組みですが、短期的な業績を追い求めることで、優先順位が下がり、つい後回しにされてしまいがちです。そのため、WPLグランドデザインでは、ゴールが人財育成そのものであるということを忘れないために、人財育成に特化したWPLパーパスや人財ビジョンを最上位ゴールとして置いています。

　WPLグランドデザインの考え方は、「人材開発バリューチェーン」におけるバランススコアカードとワークフォーススコアカードとの関係性に基づいています。Mark A. Huselidら（2005）の著書『The Workforce Scorecard』においても、「社員のコンピテンシー」、「社員のマインドセットと文化」、「リーダーシップと社員の行動」の3つの要素が「社員の成功」につながり、バランススコアカードにおける学習・成長の視点でのインパクトにつながるとしています。この考え方を参考に、実際にWPLが実践できる形として、生み出されたものが「未来人財要件」と「WPL推進の3者の行動」となります。

※バランススコアカード（Balanced Scorecard）は、組織や企業の戦略的な目標達成を評価し、モニタリングするためのパフォーマンス測定ツールです。通常、「財務の視点」「顧客の視点」「業務プロセスの視点」「学習と成長の視点」の4つの主要なパフォーマンス領域に焦点を当てています。このツールを活用することで、組織はバランスの取れたアプローチを実現し、長期的な成功を追求するのに役立ちます。

図2-7 WPLグランドデザインとバランススコアカードの関係性

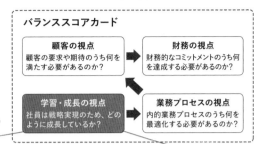

「学習・成長の視点」の解像度を上げる

文化とは人々の行動そのものです。従業員、ラインマネジャー、エグゼクティブ全員がどう行動するかが文化と言えます。

COLUMN #02

人材開発バリューチェーンって何？

「人材開発バリューチェーン」とは、Huselid et al.（2005）のアイデアに基づいて、鈴木克明（2005）が書籍『研修設計マニュアル』で図示したコンセプトです。

　このコンセプトでは、バランススコアカードを右上の4つの四角形に配置し、

それを達成するためのHRスコアカードを左下の4つの四角形に配置し、これらを結びつける中間の4つの四角形にワークフォーススコアカードを配置しています。「社員の成功（学習・成長の視点）」の鍵を握るのはコンピテンシー、マインドセット、リーダーシップであることを示しています。

現実のビジネス環境において、ワークフォーススコアカードに該当する部分は、経営陣やHR部門が直接的に影響を及ぼすことが難しく、ゆえに、直接の責任を負うことが難しいところでもあります。言い換えれば、事業部門やライン、現場の担当者に委ねられていることが多いのです。

従って、ワークフォーススコアカードに焦点を当て、人財育成を進めていくには自主的にWPLが促進される環境を築く必要があります。

図2-8 人材開発バリューチェーン (Huselid et al. 2005)

バランススコアカード

	顧客の成功（顧客の視点）顧客の要求や期待のうち何を満たす必要があるのか？	財務の成功（財務の視点）財務的なコミットメントのうち何を達成する必要があるのか？
リーダーシップと社員の行動経営層も社員も組織の目標達成につながるように常に行動しているか？	社員の成功（学習・成長の視点）社員はビジネス上のカギとなる目標を達成したか？	業務プロセスの成功（業務プロセスの視点）内的業務プロセスのうち何を最適化する必要があるのか？

HRシステム（人事部の仕組み）・アラインメント・統合・差別化	社員のマインドセットと文化社員は組織の戦略を理解し受容しているか？戦略遂行に必要な文化はあるか？	社員のコンピテンシー社員（特に重要な役割を担う者）は戦略遂行に必要なスキルを有しているか？

ワークフォーススコアカード

HRコンピテンシー・戦略的パートナー・チェンジエージェント・従業員主唱者・管理専門家	HR実践（人事部の活動）・職務設計　・配置・人材開発・パフォーマンス管理・報償　　　・対話

HRスコアカード

引用：『研修設計マニュアル』鈴木克明著、北大路書房

06 WPLパーパスと人財ビジョンの考え方

WPL Purpose **WPLパーパス**	将来の不確実な変化に対応し、持続的な成功をもたらすために、なぜ人財の成長が必要か?
Workforce Vision **人財ビジョン**	将来の持続的な成功のために、長期的、短期的視点の両面でどのような未来人財を育成したいか?

先に述べたように、最初に明確にすることは「WPLパーパス」と「人財ビジョン」です。この2つの要素は、WPLデザインを考える上で軸となります。この2つは、職場のエグゼクティブ（シニアエグゼクティブ含む）が主体となって決めるものです。

WPLパーパスを考えるにあたって

WPLパーパスとは、職場学習を促進する目的です。従業員は、職場で、意識をしなくとも何らかの形で学びます。しかし、WPL3.0は、意図をもって体系的に行う職場学習なので、目的を明確にすることから始めていきます。なぜ職場学習を体系的に行うのかという確固たる理由を明文化し、方向性を明確にするためです。理想的には、上層部のマネジメントが示すことが望ましいのではないでしょうか。

人財ビジョンを考えるにあたって

WPLマネジメントにおいては、長期的な視点に立ち、どのような人財が自社に必要かを考えることが重要となります。WPLパーパスとの整合性をとり、どのような人財であれば、未来で活躍できるかを考えます。一方、職場における学習は、短期的な業績にも影響を及ぼさないと、職場の皆さんにとってはメリットが薄く感じられるでしょう。そのため、短期的な業績の向上の視点でも人財像を明確にすることも大切です。長期的な視点、短期的な視点、それぞれのバランスを考えながら、丁寧に進めていくことが望ましいのです。

「未来人財要件」の
具体的項目例はp227参照

07 未来人財要件

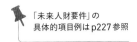

Workforce Capability 未来人財要件　目指す未来人財の要件はどのようなものか?

「WPLパーパス」と「人財ビジョン」が決まったら、次に「未来人財要件」を考えます。

VUCAと呼ばれる現代においては、全てのビジネスパーソンが不確実性の高い中でパフォーマンスを高めることを求められており、これまで以上にノンテクニカルスキルが重要となります。未来人財に求められるもので中核となる要件は、このノンテクニカルスキルです。さまざまな枠組みはありますが、一例を以下に挙げます（**図2-9**）。

もちろん、今の職務を遂行するために一定レベルの専門技術（テクニカルスキル）を持ち合わせていることは大前提とし、ノンテクニカルスキルだけを設定

図2-9 **ノンテクニカルスキルとは**

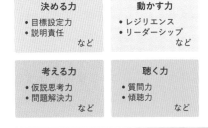

テクニカルスキル（専門技術）	ノンテクニカルスキル（非専門技術）
特定の業界や職種、専門分野において必要とされる具体的な技術や知識	技術的な専門知識や技能とは異なる、仕事を効果的に行うために必要な一連の能力で、人々との関係構築や自己管理、問題解決などの能力を指すスキル

専門技術
- 業務知識
- 技能
- 技術
など

決める力
- 目標設定力
- 説明責任
など

動かす力
- レジリエンス
- リーダーシップ
など

考える力
- 仮説思考力
- 問題解決力
など

聴く力
- 質問力
- 傾聴力
など

＊カテゴリーやスキルはあくまでも一例です。

してもよいですし、もしテクニカルスキルの面で不安があれば、テクニカルスキルとノンテクニカルスキルを合わせた未来人財要件にすることも可能です。

　どちらにしても、1点大切にしなくてはならないことは、育成対象者である従業員は"今"の業務で成果を上げることが求められるので、テクニカルスキルとノンテクニカルスキルの両輪を合わせて成長支援を行っていくことを忘れてはなりません。

未来人財要件を考えるための重要な4つのノンテクニカルスキルカテゴリー（例）

考える力：さまざまな思考力を含めたカテゴリーで、戦略的思考力、現状分析力、仮説思考力、問題解決力などです。

聴く力：質問力や傾聴力などです。他者の意見に丁寧に耳を傾けたり、相手の想いや考えを引き出す力などです。

決める力：考えたことや聞いたことに基づき、チームとしての意思決定を行うために、関係者に適切に影響を与え、適切な意思決定へと導く力です。

動かす力：他者やチームの行動を促し、決定したことを実行していくカテゴリーで、アサーションやリーダーシップなどが、これにあたります。

プロフェッショナルの世界で重視されるノンテクニカルスキル

【パイロットの世界】

　すでにノンテクニカルスキルを能力要件に取り入れた人財開発が進んでいる事例の1つとして、パイロットの育成があります。パイロットを取り巻く環境変化は著しく、航空局が通達を発出し、コンピテンシー・ベースド・トレーニング＆アセスメントプログラム（CBTA）を基に、現在、すでにパイロットとなっている機長、副操縦士への継続教育に活用されています。

　CBTAを運用するにあたり、パイロットとして求められる能力要件（コンピテ

図2-10　航空機乗務員（パイロット）として求められるコンピテンシー

		航空機乗組員として求められるコンピテンシー	定義
1	テクニカルスキル	Aircraft Flight Path Management Automation（自動操縦による飛行管理）	「自動操縦による飛行管理」は、飛行管理装置（FMS）及びガイダンスを適切に使用することを含め、自動操縦により航空機の飛行を適切に管理することを目的としている。
2		Aircraft Flight Path Management Manual Control（マニュアル操縦による飛行管理）	「マニュアル操縦による飛行管理」は、飛行管理装置（FMS）及びフライトガイダンスシステム（Flight Guidance System）を含め、マニュアル操縦により飛行を適切に管理することを目的としている。
3		Application of Procedures（手順の実施）	「手順の実施」は、適切な知識を活用し、運航手順書及び関連規則などに従って、適切に運航手順を確認し実施することを目的としている。
4	ノンテクニカルスキル	Situation Awareness（状況認識）	「状況認識」は、運航中に利用可能な関連情報を正しく把握・理解し、運航に影響を及ぼし得る事態（リスク）を予測することを目的としている。
5		Problem Solving and Decision Making（問題解決及び意思決定）	「問題解決及び意思決定」は、リスクを正しく認識し、適切なプロセスにより、問題の解決策を決定し、決定に基づく行動のレビューを行うことを目的としている。
6		Communication（コミュニケーション）	「コミュニケーション」は、通常運航及び異常運航下において、口頭伝達や非言語伝達などのあらゆる手段を通じて、必要な情報や考えを正しく伝えることにより、2人の航空機乗組員の状況認識を共有することを目的としている。
7		Leadership and Teamwork（リーダーシップ及びチームワーク）	「リーダーシップ及びチームワーク」は、指揮統率力を発揮し、効果的なチームワークを構築することにより、安全運航のための相乗効果を生むことを目的としている。
8		Workload Management（業務管理）	「業務管理」は、あらゆる状況下において各航空機乗組員のパフォーマンスが発揮されるよう、適時適切に優先順位をつけてタスクを行うため、全てのリソースを効率的に管理することにより、オーバーロードを防止することを目的としている。

出典：Competency Based Training and Assessment Program の審査要領細則（国空航第11576号平成29年3月30日）

ンシー）も明確に示されています（図2-10）。

【医師の世界】

　また、医療業界では医師の育成において、ノンテクニカルスキル習得のための取り組みが進められています。

　医師の世界で重視されるノンテクニカルスキル
- 状況認識
- 意思決定
- コミュニケーション
- チームワーク
- リーダーシップ
- ストレス管理　　　など

　それぞれのノンテクニカルスキルの内容を見ると重なる部分が多いことがわかります。

　テクノロジーが進化した今、定型業務ではない応用業務、つまり、"人"にしか担えない高度な能力が求められます。パイロットや医師のような世界は、その"人"にしか担えない高度な領域でエラーを起こすと、即、生命の危機に直面します。そのため、強い使命感を持ってノンテクニカルスキルの向上の取り組みを行っているのでしょう。テクノロジーの進化は、全てのビジネスに影響を与えており、全てのビジネスパーソンが、"人"にしか担えない高度領域に挑戦しなければならない世界が到来しつつあります。だからこそ、私たちがパイロットや医師の世界に学ぶべきところは大いにあるのではないでしょうか。

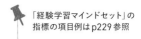
「経験学習マインドセット」の
指標の項目例は p229 参照

08 WPL 推進の3者の行動❶ 従業員の行動：経験学習マインドセット

Workforce behavior
従業員の行動

経験学習マインドセット
従業員は、未来人財へと成長する経験学習モデルを回す
マインドセットを持っているか？

「未来人財要件」が確定したら、「WPL 推進の3者の行動」のうち、育成対象者
となる本人（従業員）の行動を定義していきます。

これまで語ってきたように、WPL 推進において本人の行動として最も求めら
れるのは、「経験学習」を積み重ねることです。経験学習モデルが効果的に機能
すると、実践的な知識を獲得し、問題解決能力が向上し、モチベーションも向上
するなど多面的な成長が見込めます。未来で活躍できる人財になるためには、本
人が自律的に「具体的経験」を丁寧に振り返り（内省的観察）教訓を紡ぎ出し、
次に自身の職務上の実践の場で教訓を生かし経験値を上げていく（積極的行動）
というチャレンジを試みていくことが重要です。

ここでは、この経験学習モデルを回す燃料となる「経験学習マインドセット」
について見ていきます（**図2-11**）。
「批判的内省」「学習志向」「自主的挑戦」「仕事の意味」の4つのマインドセッ
トを従業員が持つことで、個人の経験学習を効果的に動かすことができます。自
社で重視されている他のマインドセットに加えて整理することで、オリジナルの
マインドセットができるでしょう。

> **批判的内省：** 批判的に自己反省することを通じて、自己の中にある前提を
> 問い直すマインドセットです。自身の過去の成功体験や専門性に頼るの
> ではなく、常に別の見方、別の考え方、別の解決策がないか探求する姿
> 勢が求められます。
>
> **学習志向：** 活動の焦点を「評価」や「承認」から「学び」へとシフトする
> マインドセットです。これにより自身の経験学習モデルをより効果的に
> 機能させることができます。

自主的挑戦： 自発的に挑戦的な仕事を探し、自己の成長を促進するマインドセットです。これまでに経験したことがない難しい課題に直面すると、従来の知識やスキルが通用せず、新しい知識やスキルを獲得しやすくなります。

仕事の意味： 仕事の意味を見いだし、内発的な動機付けを強化する状態を目指すマインドセットです。仕事のパフォーマンスに対して最もインパクトを与える心理状態は「仕事の意味性」、つまり、個人が自分の仕事にどのような価値や重要性を見いだしているかであると考えられています。

図2-11 **経験学習マインドセット**

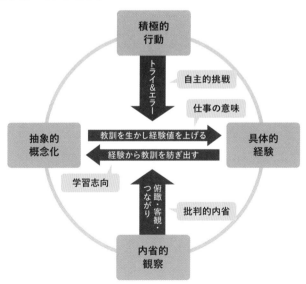

経験学習のプロフェッショナルに学ぶ

　世の中のプロフェッショナルの仕事をよく観察すると、経験学習が実践されている事例が多く見受けられます。パイロットと将棋のプロ棋士の例を挙げてみましょう。

　彼らは、どちらも自身の分野を徹底的に追求し、プロフェッショナルとしての道を歩んでいます。パイロットはお客様を安全に目的地まで運ぶため、プロ棋士は将棋の技術を極めるため、自ら積極的に行動し、その結果として経験学習が効果的に行われています。この姿勢は、見習いたいものです。

【振り返りの事例】
その1：パイロットのフライト後のデブリーフィング
　パイロットの世界では、フライト前のブリーフィングとフライト後のデブリーフィングが必須とされています。特に、任務や業務の終了直後に機長と副操縦士で行うデブリーフィングは重要視されており、その結果に基づいて次のフライトの改善点を検討し、安全上の懸念事項については即座に再発防止策を考えています。振り返る際には、テクニカルなことはもちろん、ノンテクニカルスキルの観点でも行われます（**図2-10**のコンピテンシー参照）。このような振り返りは、客

室内で保安とサービスの2つの役割を担っているCAも同様に行います。CAの場合は、チーフパーサーを中心に同乗したCA全員での「チーム内省」が丁寧に行われます。このように、パイロットを含む航空業界の関係者の「空の安心・安全」に対する高いプロの意識が示されています。

その2：プロ棋士の対局後の感想戦

プロ棋士は、必ず対局が終了した直後に、勝者と敗者がともに一局を振り返り、敗因となった一手や、そこでのよりよい手を模索する「感想戦」を行います。将棋は個人戦であるため、プロ棋士にとって、対戦相手とともに同じ局面を振り返ることは、経験学習モデルを有効に活用する最良の方法です。将棋のタイトル戦の後の感想戦は、数時間におよぶことがあります。また、多くのプロ棋士が対局の棋譜を完全に記憶していることは、プロ意識の高さを感じさせます。

実際、経験学習モデルにおいて、「抽象的概念化（教訓）」は、他者から与えられたものではなく、自分自身が練り上げた教訓（マイセオリー）でない限り、次の「積極的行動」にはつながりません。そのため、自己評価を厳しくかつ客観的に行う必要があります（「内省的観察」）。効果的な振り返りを行うためには、自身が経験したこと（成功と失敗の両方）を全て記憶しておくことが理想ですが、現実的ではありません。そのため大切な部分をメモする、経験を共有する、同僚や上司との振り返りを行うなどの方法が推奨されています。

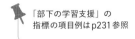

09

WPLグランドデザインとWPLキャンバス

WPL推進の3者の行動❷
ラインマネジャーの行動：部下の学習支援

> **Leader behavior ラインマネジャーの行動**
>
> 部下の学習支援
> ラインマネジャーは、未来人財に成長させる支援ができているか？
> その支援スキルを持っているか？

　従業員のマインドセットが確定したら、「WPL推進の3者の行動」のうちラインマネジャーが行う部下の学習支援について検討します（**図2-12**）。

　ラインマネジャーが行う部下の学習支援とは、部下の「経験学習」が効果的に実施されるように支援することを指します。つまり、先述した、従業員の行動「経験学習マインドセット」が高まるように支援をしていくこととなります。「経験学習モデル」がWPLのエンジンであれば、本人の経験学習マインドセットは燃料、そして、ラインマネジャーの支援は、良質なエンジンオイルを注ぐような

図2-12 経験学習マインドセットとラインマネジャーが行う部下の学習支援の関係性

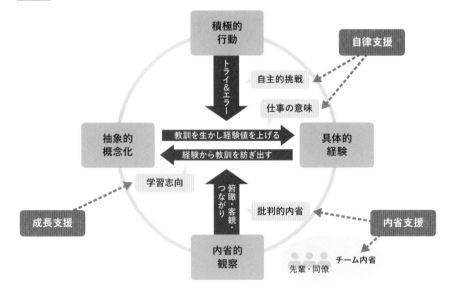

「部下の学習支援」の
指標の項目例は p231 参照

198　**第2部**　WPL3.0 解説編

行為とイメージするとわかりやすいでしょう。

　学習支援には、主に「成長支援」「自律支援」「内省支援」の3つの要素があります。詳しくは以下にまとめますが、この3つは、それぞれ育成対象者のマインドセットに直接影響を与えうる要素です。これらの要素を部下育成の軸とすることで、より効果的な未来人財の育成が可能となります。

　上司と部下の関係は、人事異動などもあるため、数年後には変わっているかもしれません。上司が"今"学習支援を行っている成果が出るのは、数年後、自分の部下ではなくなった後かもしれませんが、部下の成長を願って、中長期的な視点で支援を行うというマインドが求められます。

成長支援：部下の「学習志向」を高めることを目的としたプロセスです。ラインマネジャーは「傾聴」と「質問」を駆使し、部下の学習プロセスを効果的にサポートします。

自律支援：部下の自律性を促進するために、権限を委譲し、動機付けを行うプロセスです。部下に「仕事の意味」を感じさせることにつながります。ラインマネジャーは、コーチング力を強化するだけでなく、部下に権限委譲し、自律的に動けるよう励ますことが求められます。

内省支援：部下が自己の行動や経験を深く振り返り、そこから学ぶことを奨励するプロセスです。企業で働く管理職は内省よりも行為を優先させる傾向にあると言われており、ラインマネジャーがいかに内省支援を意識的に行うかが重要となります。「自分が当たり前だと思っている前提・価値観・信念」を問い直すような「批判的内省」を促します。またチーム内で共同で振り返りを行う「チーム内省」が活発になると、チームの革新性、有効性、業績が高くなることもわかっています。

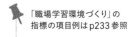
WPLグランドデザインとWPLキャンバス

10 WPL推進の3者の行動❸ エグゼクティブの行動：職場学習環境づくり

Executive behavior エグゼクティブの行動

職場学習環境づくり
エグゼクティブは、未来人財に向かう成長をサポートする
ための職場学習環境をつくっているか？

　最後に、「WPL推進の3者の行動」のうちエグゼクティブが行う「職場学習環境づくり」（**図2-13**）について紹介します。

　職場において、より適切な学習環境をつくり上げるためには、従業員やラインマネジャーに任せるだけでなく、エグゼクティブが自らの責任として、環境づくりに取り組むことが求められます。従業員が効果的に「経験学習モデル」を回し、ラインマネジャーが部下に対して効果的な学習支援が行えるように、適切な職場学習環境を整えることこそが、エグゼクティブに求められる行動なのです。

図2-13 エグゼクティブによる「職場学習環境づくり」

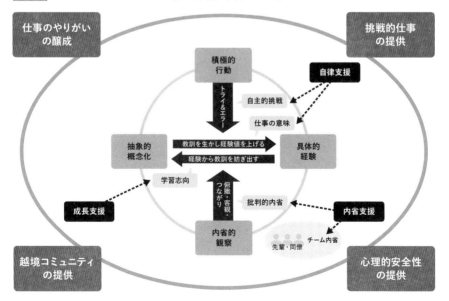

ここでは、エグゼクティブが支援してつくる職場学習環境の主な指標「仕事のやりがいの醸成」、「挑戦的仕事の提供」、「心理的安全性の提供」、「越境コミュニティの提供」について解説します。

　エグゼクティブも、ラインマネジャー同様に、配下にいる部下たちの未来に向けた成長を願って、中長期的な視点で、これらの取り組みを行っていくマインドが求められます。短期的な業績達成が求められる中で、この中長期的な人財育成の取り組みとのバランスを保ち、組織運営していくことが大切です。

仕事のやりがいの醸成：仕事に対しての楽しみや、内発的な動機付け、没頭している状態を従業員にもたらすことです。これはポジティブ心理学に基づいており、従業員が、自己成長のための負荷によって燃え尽きないようにするために重要な要素です。

挑戦的仕事の提供：「新事業の立ち上げ」、「多様な職務を同時に担う」、「さまざまなステークホルダーとの協業」など、挑戦的な仕事を計画的に提供することを指します。従業員がこれまでの経験則だけでは乗り越えられないような仕事を提供することで、従来にないレベルで深く思考を促し、非連続的な成長を促進します。

心理的安全性の提供：職場の従業員同士が自由に意見を表明し、間違いを恐れずにチャレンジできる安全な環境を提供することです。

越境コミュニティの提供：職場の環境を越えて、全く新しい環境や異なるバックグラウンドを持つ人々との交流を促進することです。「越境コミュニティ」の提供により、従業員は自身の職場での経験学習では得られない異なる知見やスキルに触れ、それによって広い視野を持つことで、成長へと導かれます。

11 WPL推進の重要要素を可視化する「WPLキャンバス」

「WPLグランドデザイン」の解説を通して、WPL3.0を推進するために大切な考え方を述べてきました。次にご紹介するのは、WPLを効果的かつ効率的に推進するために押さえるべき要素を可視化するフレームワーク「WPLキャンバス」です（図2-14）。各職場で目指す「WPLパーパス」「人財ビジョン」「未来人財要件」「経験学習マインドセット」「部下の学習支援」「職場学習環境づくり」の具体的な文言や指標が決まったら、このフレームに記載することで整理できます。

　WPLパーパスおよび人財ビジョンは、未来人財を育成する理由や方向性を導くものです。また、どういった人財要件（コンピテンシーやスキルセット）が必要か、本人が持つべきマインドセット、ラインマネジャーによる学習支援、エグゼクティブが支援してつくる職場学習環境の状態がどのようなものかを知ること

図2-14 **WPLキャンバス**

✦ WPLパーパス		
⚑ 人財ビジョン		
♨ 未来人財要件		
⚛ **ラインマネジャーの行動** 部下の学習支援	✦ **従業員の行動** 経験学習マインドセット	🌱 **エグゼクティブの行動** 職場学習環境づくり

ができます。

　WPLプロジェクトを始める準備段階では、WPLキャンバスを活用し、自社においてなぜWPLが必要かを検討します。それぞれの項目について「現状」と「課題」を整理することにより、状況を俯瞰的に見ることができます。

　いざ職場学習を体系的に進める段階では、"なぜWPLなの？"という根本の部分「Why（理由や問題意識）」がなかなか定まらない場合があります。そんな時は、WPLキャンバスのどの要素からでも構わないので、関係者と議論することから始めるとよいでしょう。始めは論点が明確になっていなくても、議論を続けることで認識が揃っていきます。

　WPLプロジェクトを開始すると、WPLキャンバスを参考にしながら、ゴールや指標を設定することとなります。
　WPLキャンバスの埋め方や指標の具体については、STEP2（p221〜 p235）で後述します。

WPLマネジメントと
WPLプロジェクトステップ

12 WPLマネジメントを担う WPLデザイナーとWPLマネジャー

WPLマネジメントとは、WPL3.0を実現するための仮説検証型のサイクルを回し続けることです。WPLの世界のPDCAサイクルと考えてください（**図2-15**）。

WPLマネジメントにおいては、「WPLの出口戦略の検討」を重視します。出口を明確にせずHowに入ってしまう（例：上司・部下の1on1の奨励など）ことは少なくないのではないでしょうか。第１部においても、「❶WPLのゴール設定」でWPLキャンバスを描くことや、「未来人財要件」の具体的検討、「WPL推進の３者の行動」のアセスメント指標を１つずつ決定していくことを職場のエグゼクティブやラインマネジャーを巻き込みながら丁寧に進めていきました。

このPDCAサイクルを回す責任を負う人は誰でしょうか？

WPLで定義した「職場」の責任者は、エグゼクティブです。ただし、エグゼ

図2-15 **WPLマネジメントとは**

❶WPLのゴール設定（目的と目標の設定）

- やること：職場学習の成功を確保するために、明確な目的と目標を設定します。具体的な未来人財要件やWPL推進の3者に必要な行動を特定し、それを「WPLキャンバス」を用いて可視化します。
- チェックポイント：目的と目標が明確に定義され、①未来人財要件、②従業員の経験学習マインドセット、③ラインマネジャーの部下の学習支援、④エグゼクティブの職場学習環境づくり、それぞれにおいて指標が設定されているか、また各要素で設定していることがつながっているかどうか。

❷WPLの現在地確認（現状分析）

- やること：職場におけるWPLの現在の状態を評価し、課題や学習の障壁、学習ニーズを特定します。①未来人財要件、②従業員の経験学習マインドセット、③ラインマネジャーの部下の学習支援、④エグゼクティブの職場学習環境づくりの4要素を分析します。
- チェックポイント：WPLの4要素の評価が行われ、特定された課題と学習ニーズが正確に記録されているかどうか。

❸WPL施策の検討

- やること：「WPL実践度チェック」を参考にし、「WPLアクションマップ」を使用して具体的なWPL施策を選択します。職場のビジネススケジュールに合わせて「WPLマクロスケジュール」を策定します。
- チェックポイント：WPL施策が選定され、施策が職場のビジネススケジュールに適切に組み込まれているかどうか。

❹WPL施策の実行（リソースの確保および施策の実施）

- やること：施策に必要な教材、ツール、ファシリテーター、専門家を手配し、時間、場所、予算の確保を行います。ワークショップ、トレーニング、1on1などの方法で施策を実行します。WPLマネジャーは関係者へのサポートと施策の調整を行います。
- チェックポイント：必要なリソースが確保され、施策が予定通りに実行され、必要に応じて調整が行われているかどうか。

❺WPLモニタリング・検証

- やること：ゴール指標をモニタリングし、計画した施策の進行状況を

チェックし、フィードバックを提供します。アンケート、インタビュー、実務でのパフォーマンスチェックなどを使用して評価を行います。

- チェックポイント：ゴール指標のモニタリングが行われ、施策の進行状況が評価され、フィードバックが提供されているかどうか。

❻ WPLフォロー（改善と改定）

- やること：評価結果を基に、施策内容や方法を見直し、プランをアップデートします。WPLマネジャーは学習を日常業務の一部として受け入れる文化を築き、学習の成功例や成果を共有し、職場学習の価値を伝え続けます。
- チェックポイント：評価結果に基づいて支援策が改善され、学習文化の醸成と共有が行われているかどうか。

クティブが主体となってマネジメントできればよいのですが、実際には、エグゼクティブはビジネスゴール（財務の視点、顧客の視点）の責任を負い多忙を極めるため、WPLの視点でサポートするWPL推進者（エグゼクティブ同等の意思決定権がある者）を新たに設置する必要があると考えています。

そこで、本書では、「WPLデザイナー」と「WPLマネジャー」という新たなポジションを設定しました。

WPLデザイナーとWPLマネジャーの役割分担は、WPLを効果的に推進するために非常に重要です。WPLデザイナーは戦略とプログラムの設計に、WPLマネジャーは実行とモニタリングに焦点を当てることで、WPLが効果的に展開され、職場全体での学習が促進されます。両者の協力と連携が成功の鍵となります（第1部では、広瀬さんと佐藤さんが連携）。

実際には、WPLデザイナーとWPLマネジャーの役割を明確に分けられない部分があり、組織によって、役割分担を変えたり、時には一人二役を担うこともあるでしょう。

この2つの役割は、これまで、研修の企画・運営を中心に担っていた教育研修部門が機能として持つ場合やHRBP（Human Resources Business Partner）が担う場合もあるかもしれません。

WPLデザイナーの役割

1. WPL戦略の設計

職場全体の学習目標や戦略を策定し、WPLがビジネス目標と一致するように計画します。職場のニーズ分析やトレンドの把握を含みます。

2. カスタマイズされた支援策の開発

職場の特定のニーズに合わせてカスタマイズされた支援策やコンテンツを開発します。ワークショップ、トレーニングセッション、1on1、ガイド作成などを含みます。

3. 評価と改善

WPL活動の効果を評価し、フィードバックを収集して改善点を特定します。これにより、学習プロセスを継続的に向上させます。

WPLマネジャーの役割

1. WPL実行の責任

WPL戦略を実行し、エグゼクティブ、ラインマネジャーと連携し職場単位での具体的な施策を推進します。

2. ラインマネジャーのサポート

ラインマネジャーに対してWPLの重要性を伝え、具体的な学習施策をサポートします。必要に応じてトレーニングや指導を提供します。

3. 成果のモニタリング

学習の成果をモニタリングし、目標の達成度を確認します。不足している部分を特定し、必要に応じて調整を行います。

4. コミュニケーションとフィードバック

職場内でのコミュニケーションを促進し、フィードバックを収集して改善に役立てます。また、エグゼクティブとの連携も重要です。

5. チームビルディングと文化醸成

学習を組織文化の一部として浸透させ、共感と連帯感を醸成する役割を果たします。

13 WPLプロジェクトステップ

WPLプロジェクトステップは、WPL3.0に基づきWPLマネジメントを推進するプロジェクトの手順です（**図2-16**）。

STEP1からSTEP4までの一連のステップから成り立っており、このステップに従ってプロジェクトを進めることで、効率的かつ効果的にWPLマネジメントを実現できます。

STEP1では、WPLのWhy、現在の人財育成状況を評価し、なぜ自社でWPLが必要なのかを明確にします。つまり、未来の人財育成に向けて、WPLを活用する理由や目的を特定します。

STEP2では、WPLのWhat、具体的なWPLの要素を定義し、自社にとっての意義や重要な指標を確定させます。また、WPL施策の前提条件を整え、後の効果測定に備えます。

STEP3では、WPLのHow、具体的に必要な施策を検討し、実行します。各施策に関する計画を具体化し、必要なコンテンツを開発します。同時に、WPLマネジメントの進捗を把握します。

STEP4では、プロジェクト期間の最終段階で、設定した評価指標に基づいて最終評価を行い、プロジェクトオーナーに報告します。報告には、達成した成果や変化だけでなく、未達項目や課題についても報告し、次のプロジェクトの検討も行います。

これらのステップは、組織の状況に合わせて適宜調整していくことが大切です。たとえば、ある程度WPL推進の目的に対する合意が得られている時には、STEP1を省略することも考慮できます。また柔軟性を持ちながら自社にとって最適に進化させていくことも大切です。最適なステップをデザインすることは、WPLデザイナーの重要な役割となります。

次のページからは、各STEPの考え方と進め方について詳しく解説していきます。

図2-16 WPLプロジェクトステップ

		目的	進め方
STEP 1 **現状と** **課題整理** Whyを 明確にする	**❶-1** 事前調査	人財育成の状況を分析し、WPLの必要性の検討	1. パフォーマンスの観点で、現在と未来像のGAPを確認する 2. 職場学習チェックを行う 3. 2つの分析結果から、WPL推進の必要性を判断する
	❶-2 プレワーク	人財の未来像に向けての、WPLの現状や課題の整理	1. WPLパーパスを仮設定し、現状を項目に沿って整理する 2. 不足していると考えられる情報も整理する
STEP 2 **ゴール設定** Whatを 明確にする	**❷-1** プロジェクト キックオフ	「職場」の定義を明確にした上でのプロジェクトの開始	1. プロジェクトの対象となる「職場」を定義する 2. 「職場」における主人公と関係者を整理する 3. プロジェクトの全体スケジュールを検討する
	❷-2 WPL キャンバス作成	WPLキャンバスの完成	1. WPLパーパスと人財ビジョンを決める 2. WPL推進の4要素の指標を決める 3. WPLキャンバスを完成させる 4. WPL推進の4指標の事前評価を行う
STEP 3 **施策の** **検討と実行** Howを 明確にし 実行する	**❸-1** WPL 施策プラン	具体的な施策の設計	1. 現時点のWPLの実践度をチェックする 2. WPLキャンバスを実現するための各施策をWPLアクションマップで検討する 3. 施策案をマクロスケジュールに落とし込む
	❸-2 詳細設計 コンテンツ開発	WPL施策の設計とコンテンツを開発	1. スケジュール化した各施策について、それぞれの実施計画を組む 2. 各施策のコンテンツ開発を行う
	❸-3 施策実行	各施策の実行とトラッキング	1. プランに基づき関係者向けのワークショップなどを行う 2. 各施策の実行状況をトラッキングする
STEP 4 **評価と** **ネクストアクション** プロジェクトを 振り返る	**❹-1** 評価	プロジェクト評価と今後の課題・アイデアの整理	1. 施策実行後の4指標の評価を行い、インパクト分析を行う 2. プロジェクト報告を行う
	❹-2 次への展開	次のプロジェクトへの展開の決定	1. 評価に基づき、プロジェクトの継続性を検討する 2. 評価に基づき、プロジェクトの横展開を検討する

STEP 1

現状と課題整理
WPLの「Why」を明確にする

- ✓ プロジェクトをスタートするために行う職場の現状と課題整理を行う
  仮のアセスメントツールを紹介します
- ✓ WPL推進の合意が取れていればこのSTEPは不要となります

			目的	進め方
STEP 1 現状と 課題整理 Whyを 明確にする	❶-1 事前調査		人財育成の状況を分析し、WPLの必要性の検討	1. パフォーマンスの観点で、現在と未来像のGAPを確認する 2. 職場学習チェックを行う 3. 2つの分析結果から、WPL推進の必要性を判断する
	❶-2 プレワーク		人財の未来像に向けての、WPLの現状や課題の整理	1. WPLパーパスを仮設定し、現状を項目に沿って整理する 2. 不足していると考えられる情報も整理する
STEP 2 ゴール設定 Whatを 明確にする	❷-1 プロジェクト キックオフ		「職場」の定義を明確にした上でのプロジェクトの開始	1. プロジェクトの対象となる「職場」を定義する 2. 「職場」における主人公と関係者を整理する 3. プロジェクトの全体スケジュールを検討する
	❷-2 WPL キャンバス作成		WPLキャンバスの完成	1. WPLパーパスと人財ビジョンを決める 2. WPL推進の4要素の指標を決める 3. WPLキャンバスを完成させる 4. WPL推進の4指標の事前評価を行う
STEP 3 施策の 検討と実行 Howを 明確にし 実行する	❸-1 WPL 施策プラン		具体的な施策の設計	1. 現時点のWPLの実践度をチェックする 2. WPLキャンバスを実現するための各施策をWPLアクションマップで検討する 3. 施策案をマクロスケジュールに落とし込む
	❸-2 詳細設計 コンテンツ開発		WPL施策の設計とコンテンツを開発	1. スケジュール化した各施策について、それぞれの実施計画を組む 2. 各施策のコンテンツ開発を行う
	❸-3 施策実行		各施策の実行とトラッキング	1. プランに基づき関係者向けのワークショップなどを行う 2. 各施策の実行状況をトラッキングする
STEP 4 評価と ネクストアクション プロジェクトを 振り返る	❹-1 評価		プロジェクト評価と今後の課題・アイデアの整理	1. 施策実行後の4指標の評価を行い、インパクト分析を行う 2. プロジェクト報告を行う
	❹-2 次への展開		次のプロジェクトへの展開の決定	1. 評価に基づき、プロジェクトの継続性を検討する 2. 評価に基づき、プロジェクトの横展開を検討する

14 現在と未来像のGAPを確認する ヒューマンパフォーマンス現在未来分析

　ヒューマンパフォーマンス現在未来分析とは、Human Performance Improvement（HPI）の考え方を基にして、現在だけでなく将来に求められる人財像の要件に対する人財育成の状況を分析することです。

　現在のビジネス環境において、従来のHPI分析では不十分です。従来のHPI分析は、過去の延長線上に目標を置いたGAP分析でした。しかし現代は、過去の延長線上で予測可能な目標が意味を成さないことも多くあります。そのため、まだ見ぬ未来を見据えた分析も必要となります（**図2-17**）。

　ヒューマンパフォーマンス現在未来分析を行う際は、**図2-18**のようなワークシートで、現在と未来、それぞれに必要な人財要件を置き、HPIの6つの観点で職場における取り組みを評価することで、現在と未来のそれぞれにおける人財育

図2-17 これからのパフォーマンスGAPの見方

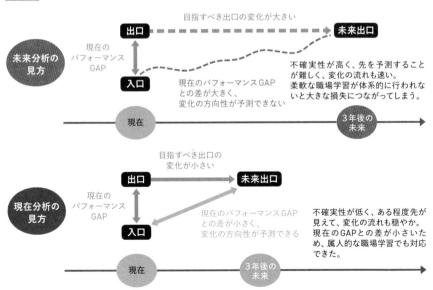

成のボトルネックを明確にします。

第1部では、広瀬さん（WPLマネジャー）が寺尾支店長（エグゼクティブ）にインタビューをしながら、このフォーマットを埋めていきました。未来分析のところでは、目指す人財像は決まっていないため、経済産業省の「未来人材ビジョン」の2050年に求められると言われている能力（問題発見力、的確な予測、革新性など）を仮置きして分析を行っています。このように、プロジェクト初期は、仮置きしてアジャイルに進めることも求められます。

ヒューマンパフォーマンス現在分析

現在分析をする際には、**図2-18**の左の部分のように考えます。

過去の延長線上で目標を置き、GAP分析を行います。

これまでは時間が経っても目指すべき出口の変化は大きくありませんでした。ビジネス環境の不確実性が低く、変化の流れも緩やかであったため、ある程度先を予測することができたのです。また、当初想定したパフォーマンスゴールとのGAPが小さく、従来型の属人的なOJTスタイルでも対応することができていました。その意味では、ラインマネジャーごとの部下育成の能力やスキルのバラつきも許容されていたとも言えます。

ヒューマンパフォーマンス未来分析

未来分析をする際には、**図2-18**の右の部分のように考えます。

目指すべき未来出口が時間とともに大きく変わる現在では、これまでと同じようにパフォーマンスゴールとのGAPを考えるだけでは、育成への対応が難しくなってきています。実際、ビジネス環境の不確実性が高く、変化の流れも速いため、先を予測することが難しくなっています。柔軟な職場学習を体系的に行い、一人一人の従業員が自律的に環境変化に対応していけるようにしなければ、結果的に、ビジネスを成長させていくことが難しくなってきています。

そのため、未来に活躍できる人財に求められるパフォーマンスのあるべき姿を仮置きし、未来に向けた取り組みがなされているかを検討します。未来人財要件を獲得する職場学習環境を構築していくのであれば、このヒューマンパフォーマンス未来分析が必要となるでしょう。

図2-18 ヒューマンパフォーマンス現在未来分析

	現在分析：現在の人財パフォーマンスを支える状況を評価する 目指す人財像（現在） • 製品に関する高い知識がある • 製品の正しいメッセージを伝えることができる • 顧客とのいい人間関係をつくれる • 業績達成の高い意識		未来分析：未来で活躍できる人財パフォーマンスを支える状況を評価する 目指す人財像（未来） • 問題発見力 • 的確な予測 • 革新性 • 的確な決断 • 情報収集力	
物理的なリソース	• 現在の業務を進める分には困らないほどのリソースは提供されている。	4点	• 外部研修企業のプログラムの付与や人事部門が提供しているビジネススキルやその他トレーニングプログラムの準備はある。	2点
構造やプロセス	• KPIを達成することが伝えられており、営業担当者は真面目に取り組んでいる。 • 2015年に求められていた能力（未来人材ビジョンの左側）が重視されている。 • 職場学習の環境（WPL環境）はありそうだが、状況を把握できていない。	3点	• 学びは、全て現在の業務につながるスキル軸であり、将来につながるノンテクニカルスキルの要素は重要視されていない。 • 業務改善の取り組みはあるが、革新的な取り組みはされていない。 • 未来人財育成に向けたWPL環境は用意されていない。	1点
コーチングや強化	• 業績軸/業務に直接必要なスキル軸の1on1をしているし、同行もしている。 • 個人のキャリアとの紐づけは業績軸ではあるが、面談している。 • 業績達成に偏った指導のため、営業担当者の意識が偏っている可能性がある。	3点	• 未来人財を育成するための1on1はやっていない。 • 上司が未来人財を育成するマインドになっておらず、その必要性を認識していない可能性が高い。	1点
知識やスキル	• 2015年に求められるスキル（図2-6の左側）を満たしている。 • ☞まじめに、上司の指示通り行動する。 • 基礎的な知識・スキルはある程度持っている。 • 担当者のレベルは、上位2割とそれ以下の8割との差が大きくなってきている。	3点	• 未来に向けての学びは自主性に任せている。 • 約2割は、危機感を感じ、自ら何らかの形で学んでいる（社内外のトレーニングやビジネススクール、書籍など）。 • 未来に向けて必要な能力が備わっているかがわからない。	1点
キャパシティ	• 新人は社会人基礎力を見て、"今"の営業人財に最低限必要な資質を見極めて採用している。特に大きな問題はない。 • キャリア採用についても、将来高い業績が出せそうな即戦力人財を採用している。	3点	• 新卒、キャリアともに、いずれにしても採用基準や採用方法などの見直しは必要そうである。	1点
動機	• 業績・今の業務に必要なスキル軸での報奨制度はある（金銭的な）。 • 金銭的なものに偏る（副反応）。 • 現場は短期的視点。	3点	• 未来人財に成長するための内的動機付けを意識した施策は行っていない。 （例：ワーキンググループ、社内副業、インターンシップなど）	1点

HPI（Human Performance Improvement）

　HPIは、ヒューマンパフォーマンスインプルーブメントの略で、組織課題を人財の視点から捉え、解決に向けて進める方法です（**図2-19**）。

　人財のあるべき姿と現状のパフォーマンスGAPを洗い出し（ビジネス分析、パフォーマンス分析）、根本的な原因分析（6つのカテゴリーは**図2-20**を参照）を行い、現状とのGAPを埋める適切なソリューションを検討・選択・実行し（介入策の選択・実施）、実行結果を評価測定するシステム的アプローチです。

図2-19 **HPI（Human Performance Improvement）**

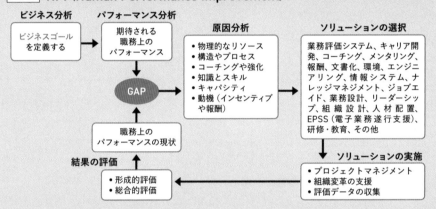

図2-20 **HPIの原因分析の6カテゴリー**

ソリューションの選択	構造やプロセス	コーチングや強化
例）信頼性の高いデータ、参考資料ツール、教材、ジョブエイド、テクノロジー、コンピューター、機器、用品、十分な予算、仕事にふさわしい場所、など	例）業務のシステムやプロセス、マネジメントサポート、役割や期待のわかりやすさ、意味のあるミッションステートメント、など	例）上司のフィードバック（コーチング）、同僚からの支援（メンタリング）、顧客からのフィードバック、など

知識・スキル	キャパシティ	動機
例）仕事を行うために知っておく必要があること、できなければならないこと	例）仕事にもたらす個人的な資質（能力）、経歴、学歴、業務経験、など	例）インセンティブ、褒賞、ボーナス、業績に応じた給与、雇用保証、ポジション（職位）、昇給、など

参考文献：Van Tiem, D. M., Moseley, J. L., Dessinger, J. C., & Gilmore, E. R. (2004). Fundamentals of performance technology: A guide to improving people, process, and performance.

15 職場学習環境の現状を把握する 職場学習チェック

　職場のWPLの現状を把握するために活用される「職場学習チェック」は、Tobin (2000) が提唱するPositive Learning Environment（PLE）※の考えを参考にした新しい指標です（**図2-21**）。

　職場学習チェックによって、職場が「学習」を肯定的に捉えているかどうかを評価できます。つまり、WPLプロジェクト開始前の職場の学習環境の状態を最初の基準として設定することができます。

　まず、職場の状態を想定し、仮説を立てた上で、関係者（エグゼクティブとラインマネジャーは必須。可能ならば従業員も回答させることが望ましい）とともに職場学習チェックを実施し、各自が抱える課題を明らかにします。このチェックは、一般的なベストプラクティスに基づいて職場学習の状況を評価するものであるため、最初から自分たちの職場独自の回答を導き出そうとせず、この結果を基に関係者とのディスカッションを開始することが効果的です。
　最初に、職場に所属する全員で「肯定的な学習環境」とは何かについて、気軽に話し合ってみてはいかがでしょうか。

　言い換えれば、「肯定的な学習環境」とは、皆が自律的に学習することを促す環境です。自律的な学習とは、個人が自ら学習ニーズを特定し、学習目標を設定し、必要なリソースを見極め、適切な学習方法を選択・実行し、学習成果を評価するプロセスのことです。これは、全従業員に実行してもらいたいことです。未来の競争力を形成するためには、「PLE（肯定的な学習環境）の構築」が不可欠であり、その実現にはWPLが必要なのです。

※Positive Learning Environment（PLE、肯定的な学習環境）とは
　Tobin (2000) が提唱した概念で、「全てのレベル（職位）の従業員が組織のビジネスを達成するために、継続的な学習モードであることを奨励し、ビジネスの成果を向上させる方法を、常に模索している状態」と定義されています。

図2-21 職場学習チェック

あなたの所属する職場（営業所）における営業担当者にとっての職場学習状況の程度を5段階で評価：
1.全く同意しない〜 5.非常に同意できる

	カテゴリー	設問	1	2	3	4	5	コメント
1	心理的安全性	失敗が学びや成長の機会として活かされている						
2		直属上司の提案や意見に対して自由に考えを述べられる						
3		自分たちのアイデアを企画し実行する機会がある						
4		新しい仕事やレベルの高い仕事に挑戦する機会がある						
5		上司も部下が学習している内容を学習している						
6	マインドセット	会社の理念や方針などが上司から伝えられている						
7		職場メンバーが常に質の高い実践を考えている						
8		職場メンバーが会議やミーティングを楽しみにしている						
9	上司との1対1コミュニケーション	上司と仕事・業務について話し合う機会がある						
10		上司と将来目指す姿（キャリア）について話し合う機会がある						
11		上司によるコーチングが行われている（1on1の推奨）						
12		上司による同行を通じて育成が行われている（育成同行）						
13	先輩/同僚との1対1コミュニケーション	先輩社員に同行して学んでいる						
14		先輩が後輩の面倒を見るなどサポート役が適切に置かれている（メンター）						
15		同僚・同期と一緒に振り返り、刺激を与えあう場がある						
16	複数人数でのコミュニケーション	職場メンバーからよりよい意見や提案を集めるための会や場がある						
17		職場メンバーとは会議やミーティングで自由な意見を出し合っている						
18		職場メンバーとは会議やミーティングで話し合いや問題解決が行われている						

【MEMO】 職場の学習環境を調査したほうがよいと思ったことがあれば、メモをしておきましょう。

［注意］各回答者にとって、「職場」の捉え方にバラツキがでないように事前に「職場」を定義しておく必要があります

ゴール設定

WPLプロジェクトを立ち上げてWPL推進の4指標を決める

- ✓ **WPLキャンバスの埋め方を整理します**
- ✓ **WPL推進の4要素の指標例および指標を決める際のポイントを紹介します**

			目的	進め方
STEP 1 現状と 課題整理 Whyを 明確にする		**❶-1** 事前調査	人財育成の状況を分析し、WPLの必要性の検討	1. パフォーマンスの観点で、現在と未来像のGAPを確認する 2. 職場学習チェックを行う 3. 2つの分析結果から、WPL推進の必要性を判断する
		❶-2 プレワーク	人財の未来像に向けての、WPLの現状や課題の整理	1. WPLパーパスを仮設定し、現状を項目に沿って整理する 2. 不足していると考えられる情報も整理する
STEP 2 ゴール設定 Whatを 明確にする		**❷-1** プロジェクト キックオフ	「職場」の定義を明確にした上でのプロジェクトの開始	1. プロジェクトの対象となる「職場」を定義する 2. 「職場」における主人公と関係者を整理する 3. プロジェクトの全体スケジュールを検討する
		❷-2 WPL キャンバス作成	WPLキャンバスの完成	1. WPLパーパスと人財ビジョンを決める 2. WPL推進の4要素の指標を決める 3. WPLキャンバスを完成させる 4. WPL推進の4指標の事前評価を行う
STEP 3 施策の 検討と実行 Howを 明確にし 実行する		**❸-1** WPL 施策プラン	具体的な施策の設計	1. 現時点のWPLの実践度をチェックする 2. WPLキャンバスを実現するための各施策をWPLアクションマップで検討する 3. 施策案をマクロスケジュールに落とし込む
		❸-2 詳細設計 コンテンツ開発	WPL施策の設計とコンテンツを開発	1. スケジュール化した各施策について、それぞれの実施計画を組む 2. 各施策のコンテンツ開発を行う
		❸-3 施策実行	各施策の実行とトラッキング	1. プランに基づき関係者向けのワークショップなどを行う 2. 各施策の実行状況をトラッキングする
STEP 4 評価と ネクストアクション プロジェクトを 振り返る		**❹-1** 評価	プロジェクト評価と今後の課題・アイデアの整理	1. 施策実行後の4指標の評価を行い、インパクト分析を行う 2. プロジェクト報告を行う
		❹-2 次への展開	次のプロジェクトへの展開の決定	1. 評価に基づき、プロジェクトの継続性を検討する 2. 評価に基づき、プロジェクトの横展開を検討する

16 プロジェクトの立ち上げ

WPL3.0では、「職場ごとに最適化された職場学習」を目指します。

ただし、複数の拠点がある場合、いきなり全社一斉に展開することは推奨しません。

1つの「職場」を決めて、WPLキャンバスを描き、WPL施策を実行した結果を踏まえた上で、横展開できるものと職場ごとの個性に合わせてアレンジすべきものを見極めていく必要があるからです。

第1部では、営業本部の6支店のうち、最も人財育成に課題感を持ち、推進力のありそうな寺尾支店長の東京支店が最初に取り上げる職場として選ばれました。

どの職場から着手していくかについては、各企業、事業部などの組織形態や抱えている人財によって判断します。

プロジェクトをスタートすることになったら、**図2-22**のような「プロジェクト計画

図2-22 プロジェクト計画書（東京支店WPL推進プロジェクト）

プロジェクトの目的	• 東京支店において、自社の未来人財を育成するためのWPL環境を構築する
プロジェクトの目標	• 年末までに、東京支店におけるWPL環境改善のための指標を明確にし、それに対する施策を実行する
プロジェクトのスコープ（対象とする職場）	• 職場：東京支店に属する各営業所 • 育成対象者：東京支店に属する各営業担当者 • ラインマネジャー：東京支店の各営業マネジャー • エグゼクティブ：東京支店長
プロジェクトスポンサー	• 田村営業本部長、片山事業企画部長
プロジェクトメンバー	• プロジェクトリーダー：広瀬（事業企画部） • メンバー：寺尾支店長（東京支店）、佐藤（ESG推進部）、木下営業マネジャー、橋本営業マネジャー ※広瀬、寺尾、佐藤の3名はWPL推進チームメンバー
プロジェクト会議の頻度	• プロジェクト全体会議：1回／月（必要に応じて、個別ワークショップを実施） • WPL推進チーム会議：2回／月（プロジェクト会議の前後）
主なプロジェクト成果物	• WPLキャンバス（完成版） • WPL 4つの要素の重要指標及びそのアセスメント結果 • WPLアクションマップ及びそれぞれに必要なコンテンツ • WPL実行ダッシュボード • WPLプロジェクト最終報告書

プロジェクトチーム

プロジェクトリーダー
広瀬グループマネジャー

メンバー	
寺尾支店長	佐藤担当部長
木下営業マネジャー	橋本営業マネジャー

書」を作成し、必要なメンバーをアサインし、キックオフミーティングを行います。

　シニアエグゼクティブなどをプロジェクトスポンサーに迎えつつ、実質的なプロジェクトをリードするのは、「WPLマネジャー」になるでしょう。その職場のエグゼクティブを中心に選抜されたラインマネジャーを含めたメンバーで、この後解説する「未来人財要件」「従業員の経験学習マインドセット」「ラインマネジャーの部下の学習支援」「エグゼクティブの職場学習環境づくり」の指標や具体的なWPL施策を検討し、決定し、実行に移していきます。

　なお、第1部では、「WPLパーパス」「人財ビジョン」については、東京支店の寺尾支店長だけで考えるのではなく、今後の展開を考慮して、田村営業本部長が、全支店長を集めて、共通の認識を形成する形でスタートしています。

　プロジェクトを運営していると、必ずと言っていいほど、コンフリクトは生じます。そんな時に参考になるのがタックマンモデルの考え方です。自分たちのチームが、タックマンモデルのどの段階にあるのかを理解することで、チームのコミュニケーションを工夫しながらプロジェクトを進めることができます。

COLUMN #06

雨降って地固まる

　タックマンモデルは、組織の成長段階を示すもので、心理学者のブルース・W・タックマンが1965年に提唱しました。タックマンは、チームには「形成期」「混乱期」「統一期」「機能期」という4つの段階があると説明しました。後に、1977年に「散会期」を追加し、現在では5つの段階があると考えられています。

　特に、混乱期は重要視されており、この段階ではメンバー同士が目的や役割について率直に意見交換するため、対立が生じやすくなります。しかし、ここでお互いに遠慮せずに意見を出し合わないと、次の統一期に進むことが難しいとされています。

　職場のエグゼクティブや本社推進者がプロジェクトを支持していても、実際に職場のラインマネジャーや従業員たちが新しい方針やアプローチを受け入れない場合、プロジェクトは成功しづらくなります。そのため、プロジェクト会議では、主張や対立の感情の回収も大切です。オンラインだけでなく、対面でのコミュニケーションも積極的に取り入れながら進めていきましょう。

17 WPLキャンバス 「WPLパーパス」と「人財ビジョン」の策定

「WPLパーパス」は、なぜ職場学習を体系的に行うのかという確固たる理由を明文化し、関係する方々の方向性を明確にするものです。

また、「人財ビジョン」は、WPLパーパスとの整合性をとり、どのような人財であれば、変化の激しい時代の未来でも活躍ができ、自社の持続的な成長につながっていくのかを考えながら決めていくものです。短期的な業績向上の視点でも人財像を明確にし、長期的な視点、短期的な視点、それぞれのバランスを考えながら、丁寧に進めていきます。

1つの職場のエグゼクティブが決めてもいいですし、シニアエグゼクティブが束ねる配下のエグゼクティブが一堂に会して話し合って決めてもよいでしょう。

【手順】

①参加者を選定する

基本的には定義した「職場」の長であるエグゼクティブが自身で決めます。また、職場の垣根を超えた横展開が見込まれる場合は、シニアエグゼクティブと複数名のエグゼクティブが集まり決めるとよいでしょう（第1部では、田村営業本部長（シニアエグゼクティブ）が、配下にいる支店長（エグゼクティブ）たちを集めて議論して決めました）。

②ファシリテーターを置く

グループディスカッションを効果的に進行させるために、高いファシリテーションスキル（**図2-23**にあるような4つのスキルの複合力）を有するファシリテーターが必要になります。シニアエグゼクティブから出てくる意見を発散・収束することができる人が担当するとよいでしょう。適切な質問を投げかけ、参加者の意見やアイデアを引き出します。議論が本筋から外れないように注意を払い、もし外れてしまったら議題に戻します（第1部では、片山事業部長がファシリ

図2-23 ファシリテーションの4つのスキル

| 場のデザイン
のスキル
～場をつくり、つなげる～ | 対人関係
のスキル
～受け止め、引き出す～
傾聴力、質問力 |
| 構造化の
スキル
～かみ合わせ、整理する～ | 合意形成
のスキル
～まとめて、分かち合う～
WIN-WIN |

参照：日本ファシリテーション協会ウェブサイト

テーターを担い、田村営業本部長を支援しています）。

③共感を促す

　参加者の異なる視点やニーズに対して理解を示し、共感を促します。WPLパーパスや人財ビジョンが組織全体にとって意味のあるものであることを強調します。

④クリエイティブなアイデアを引き出し、議論を整理してまとめる

　参加者に創造的なアプローチや新しいアイデアを提案するよう促します。そのための手段としてブレインストーミングセッションなどを行ったり、フリップチャートやホワイトボードなどの議論の視覚化ツールも活用したりします。グループの合意を確認し、意見の違いがある場合は調整します。

「未来人財要件」の
考え方はp190参照

18 WPLキャンバス 「未来人財要件」の決定方法と評価指標

⊕ WPL パーパス

🏳 人財ビジョン

🔆 未来人財要件

🧑‍🏫 ラインマネジャーの行動	🧑‍💼 従業員の行動	📊 エグゼクティブの行動
部下の学習支援	経験学習マインドセット	職場学習環境づくり

「未来人財要件」を考える際に、ノンテクニカルスキルの獲得、強化は欠かせません。ここでは、代表的なスキルを抽出したアセスメントシートを紹介します（**図2-24**）。実際に検討を行う際には、自社にとって重要となるスキルを抽出し、そのスキルの発揮度合いを評価するための設問を考えるといった流れで作成を進めるとよいでしょう。アセスメント指標が設定できたら、他の指標と合わせて、プロジェクト開始時に測定しておきましょう。それにより、前後比較が可能となります。

【手順】

①参加者を選定する

エグゼクティブ、ラインマネジャー（プロジェクトメンバー）、人財育成の専門家など、適切な人々を招待します。

②ファシリテーターを置く

WPLマネジャーの役割を担っている人が担当するとよいでしょう。グループディスカッションを効果的に進行させるために、コミュニケーションスキルとファシリテーションスキルを活用します。適切な質問を投げかけ、参加者の意見やアイデアを引き出します。

③ドラフトを用意し、効果的かつ効率的な議論の場にする

WPLマネジャーの役割を担っている人が用意するとよいでしょう。ゼロからつくり上げると時間も要するため、ある程度の仮説で、**図2-24**のようなアセスメントシートをドラフトしておくと効果的に決定することができます。

【ポイント】

● すでに、未来人財要件に相当するようなコンピテンシー（能力要件）やスキルセットがある場合には、それをベースにアレンジするとよいでしょう。

● プロジェクトを他の職場に横展開する場合には、カテゴリーやスキル項目は共通にし、設問（具体的な定義や行動例）を職場ごとにアレンジする方法もお勧めです。その理由としては、従業員が、人事異動などで他の職場に移っても、共通のカテゴリーやスキル項目で上司から一環した学習支援を行ってもらえることで、効果的な成長につながる可能性が高いからです。

図2-24 **未来人財要件　アセスメントシート（例）**

従業員の経験学習マインドセットの程度を5段階で評価：
1.全く発揮していない〜 5.非常に高いレベルで発揮している

対象者名	
評価者名	

	カテゴリー	スキル	設問	1	2	3	4	5	コメント
1	考える力	仮説思考	未知の状況や複雑な問題に遭遇した時、利用可能な情報をもとに合理的な推論を形成し、その推論を検証する過程を通じて、解決策を導き出すことができる						
2		問題解決	複雑な課題や障害を効率的に克服するための論理的かつ創造的な思考を行い、実用的な解決策を導き出し、実行に移すことができる						
3	聴く力	質問	対話や討議の中で、適切なタイミングと方法で質問を行い、より深い理解を促進することができる						
4		傾聴	相手の話を中断したり、自分の意見を押し付けたりせず、相手が真意を伝えやすいように共感を示すなど話しやすい環境をつくり、相手の立場に立って話を聞くことができる						
5	決める力	目標設定	上位目標を踏まえ、それを達成するための道筋を定め、適切な目標を自分自身やチームに対して設定することができる						
6		説明責任	自分の行動や決定、その結果に対して責任を持ち、必要に応じて理由や動機を透明性をもって理解しやすい形で説明することができる						
7	動かす力	アサーション	自分の意見やニーズを積極的に伝えつつ、相手の感情や権利も尊重し、自己と相手の主張をバランスし、自己表現を行うことができる						
8		リーダーシップ	困難な状況においても決断力を持ち、変化に柔軟に対応し、個人やチームの方向性を見いだし、関係者と協力して共通の目標に向けて成果を導き出すことができる						

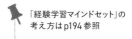
「経験学習マインドセット」の
考え方はp194参照

19 WPLキャンバス 従業員の行動「経験学習マインドセット」 の決定方法と評価指標

　　　　　　従業員の「経験学習マインドセット」の
４つのカテゴリーごとに代表的な設問を設
定したアセスメントシートを紹介します
（図2-25）。アセスメント指標が設定でき
たら、他の指標と合わせて、プロジェクト
開始時に測定しておきましょう。それによ
り、前後比較が可能となります。本人のセ
ルフアセスメントだけでなく、上司（ラインマネジャー）を含めた他者評価も含
めることで、本人に多くの気づきを与えることができます。

【手順】

①参加者を選定する

　エグゼクティブ、ラインマネジャー（プロジェクトメンバー）、人財育成の専
門家など、適切な人々を招待します。

②ファシリテーターを置く

　WPLマネジャーの役割を担っている人が担当するとよいでしょう。グループ
ディスカッションを効果的に進行させるために、コミュニケーションスキルと
ファシリテーションスキルを活用します。適切な質問を投げかけ、参加者の意見
やアイデアを引き出します。

③ドラフトを用意し、効果的かつ効率的な議論の場にする

　WPLマネジャーの役割を担っている人が用意するとよいでしょう。ゼロから
つくり上げると時間も要するため、ある程度の仮説で、図2-25のようなアセス
メントシートをドラフトしておくと効果的に決定することができます。

【ポイント】

● より「職場」にアジャストするために、また、今後、このチェック項目を職場で活用していくためにも、すでに経験学習モデルを効果的に回せているようなハイパフォーマーにヒアリングを行い、項目をアレンジしていくとよいでしょう。

● 指標のドラフトができた段階で、従業員（本人）とラインマネジャー（上司）に評価しづらかったところがないか、過不足点はないかなどをチェックしてもらい、それらを反映させていくと、よりよい指標になっていくでしょう。

図2-25 経験学習マインドセット　アセスメントシート（例）

従業員の経験学習マインドセットの程度を5段階で評価：
1.全く持っていない〜 5.非常に高いレベルで持っている

| 対象者名 | |
| 評価者名 | |

	カテゴリー	設問	1	2	3	4	5	コメント
1	学習志向	新しいスキルと知識を獲得する機会を求めている						
2		リスクがあっても、自分の能力を高めることが重要だと考えている						
3		高いレベルの能力が必要とされる場面で活躍することを望んでいる						
4	批判的内省	自分の行動を振り返り、別の方法を検討することを好む						
5		自分の行動を振り返り、自分の行動が改善できたかどうかを確認する						
6		自身が固く信じていた考えについて、自ら覆すことができる						
7	自主的挑戦	興味ある仕事であれば、積極的に協力者や参加者になることを申し出ている						
8		仕事に余裕がある時、新しいプロジェクトを始めるチャンスだと考えている						
9		仕事の内容をより理解し、より挑戦的な仕事になるように工夫している						
10	仕事の意味	自分の仕事にどんな意味があるのかよく理解している						
11		自分の仕事が自身の個人的な成長にもつながっていると考えている						
12		自分の仕事が世の中にとって価値のある変化を起こすと信じている						

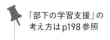「部下の学習支援」の
考え方はp198参照

20 WPLキャンバス ラインマネジャーが行う「部下の学習支援」の決定方法と評価指標

ラインマネジャーによる部下の学習支援のための行動について、「成長支援」「自律支援」「内省支援」の３つのカテゴリーごとに代表的な設問を設定したアセスメントシートを紹介します（**図2-26**）。アセスメント指標が設定できたら、他の指標と合わせて、プロジェクト開始時に測定しておきましょう。それにより、前後比較が可能となります。ラインマネジャーのセルフアセスメントだけでなく、部下（従業員）評価も取ると、ラインマネジャー自身も多くの気づきを得ることができます。

【手順】

①参加者を選定する

エグゼクティブ、ラインマネジャー（プロジェクトメンバー）、人財育成の専門家など、適切な人々を招待します。

②ファシリテーターを置く

WPLマネジャーの役割を担っている人が担当するとよいでしょう。グループディスカッションを効果的に進行させるために、コミュニケーションスキルとファシリテーションスキルを活用します。適切な質問を投げかけ、参加者の意見やアイデアを引き出します。

③ドラフトを用意し、効果的かつ効率的な議論の場にする

WPLマネジャーの役割を担っている人が用意するとよいでしょう。ゼロからつくり上げると時間も要するため、ある程度の仮説で、**図2-26**のようなアセスメントシートをドラフトしておくと効果的に決定することができます。

【ポイント】

● プロジェクトメンバーの中で、セルフアセスメントをして、わかりにくいところなどがないか確認してもらい、より職場向けにアレンジしておくとよいでしょう。

● 運用がスタートした後で違和感のある設問が見つかったり、追加したほうがよいところがあれば、必要に応じてアレンジしていくとよいでしょう。

図2-26 部下の学習支援　アセスメントシート（例）

ラインマネジャーの部下への学習支援度を5段階で評価：
1.全く効果的でない〜 5.非常に効果的である

対象者名	
評価者名	

	カテゴリー	設問	1	2	3	4	5	コメント
1	成長支援	部下の改善点について率直なフィードバックを行っている						
2		部下のアイデアを発展させるための相談相手になっている						
3		問題解決につながるように、部下の創造的思考を促している						
4		継続的に成長することが成果につながると部下を勇気づけている						
5	自律支援	部下に責任の範囲を明確に伝えている						
6		ゴール、課題、取り組みについて、部下とよく話し合っている						
7		部下にチーム内での仕事に対する権限を与えている						
8		部下が新しい選択肢を模索し、挑戦してみることを奨励している						
9	内省支援	部下同士の自由な発言を促している						
10		部下同士が対等な立場で振り返りを行えるように導いている						
11		会社のビジョンなど、大きな方向性を示して、部下の振り返りを導いている						
12		部下と事業や仕事の目的や目標を確認しながら振り返りをしている						

「職場学習環境づくり」の
考え方はp200参照

21 WPLキャンバス エグゼクティブの行動「職場学習環境づくり」の決定方法と評価指標

エグゼクティブによる「職場学習環境づくり」の4つのカテゴリーごとに代表的な設問を設定したアセスメントシートを紹介します（図2-27）。このアセスメント指標についても、アセスメント指標が設定できたら、他の指標と合わせて、プロジェクト開始時に測定しておくとよいでしょう。それにより、前後比較

が可能となります。このシートの回答者としては、従業員、ラインマネジャー、エグゼクティブの3者が考えられます。設問項目にある「職場」のスコープの捉え方が、それぞれ異なることが考えられるので、「WPLストラクチャ」のような図を示して、このチェックシートでいう職場とはどこを指すのかを補足しておくことをお勧めします。

【手順】

①参加者を選定する

シニアエグゼクティブ、エグゼクティブ、人財育成の専門家など、適切な人々を招待します。

②ファシリテーターを置く

WPLマネジャーの役割を担っている人が担当するとよいでしょう。グループディスカッションを効果的に進行させるために、コミュニケーションスキルとファシリテーションスキルを活用します。適切な質問を投げかけ、参加者の意見やアイデアを引き出します。

③ドラフトを用意し、効果的かつ効率的な議論の場にする

WPLマネジャーの役割を担っている人が用意するとよいでしょう。ゼロからつくり上げると時間も要するため、ある程度の仮説で、図2-27のようなアセスメントシートをドラフトしておくと効果的に決定することができます。

【ポイント】

● p219で紹介した「職場学習チェック」でも、ある程度、職場学習環境を調査できますが、あくまでもプロジェクトの必要性を検討する際などに、概要をつかむために活用するものです。プロジェクトが開始し、よりエグゼクティブの責任行動（4つのカテゴリー）が明確になっていくと、図2-27で示した「職場学習環境づくり アセスメントシート」のほうが、より状況を定期的にモニタリングできるのでお勧めです。

●「挑戦的仕事の提供」や「越境コミュニティの提供」の項目については、1つの職場内で完結しないことも生じてくるため、エグゼクティブやシニアエグゼクティブが情報交換を行いながら、よりよい職場学習環境にしていくことが求められます。

図2-27 **職場学習環境づくり アセスメントシート（例）**

エグゼクティブが支援してつくる職場学習環境の状態を5段階で評価：
1. 全く同意しない〜 5. 非常に同意できる

| 対象者名 | |
| 評価者名 | |

	カテゴリー	設問	1	2	3	4	5	コメント
1	心理的安全性の提供	職場では、失敗が学びや成長の機会として活かされている						
2		職場では、直属上司の提案や意見に対して自由に考えを述べられる						
3		職場では、自分たちのアイデアを企画し実行する機会がある						
4		職場では、上司も部下が学習している内容を学習している						
5	挑戦的仕事の提供	職場では、新しいことに挑戦したり、戦略的な変革を起こす機会がある						
6		職場では、多様な職責（複数の責任ある仕事）を担う機会がある						
7		職場では、多様な関係者と連携して、業務を効果的に推進する職責を担う機会がある						
8		職場は、組織を代表して、定期的に人前で発表するような機会がある						
9	仕事のやりがいの醸成	職場は、自分の仕事の意義と目的を感じることができる場所である						
10		職場は、仕事に対する熱意を持つことができる場所である						
11		職場は、自分の仕事に誇りを感じることができる場所である						
12		職場は、うまくいかないことがあっても、常に粘り強く取り組もうと思える場所である						
13	越境コミュニティの提供	職場では、部署を越えたつながりにより、他者と学びを交換する機会がある						
14		職場では、部署を離れて、社内の別の職場環境で仕事をする機会がある						
15		職場では、社外のコミュニティ（勉強会や研究会など）に参加し、学びを得る機会がある						
16		職場では、社外の異なる文化を持つ組織での出向や兼業の機会がある						

22　WPLキャンバスの完成

　これまでWPLキャンバスの各要素を決める手順について説明してきました。
　WPL3.0の4要素「未来人財要件」「従業員の行動」「ラインマネジャーの行動」「エグゼクティブの行動」の中の全ての指標が決定した後、職場の現状を確認し、実際にアセスメントを行います。

　その結果を基に、**図2-28**のサンプルに示されるように、プロジェクトでは4つの要素それぞれでどの指標に重点を置くかをエグゼクティブとWPLマネジャーが協議し決定します。全ての指標を同時に向上させるのではなく、優先順位を設定することが重要です（このサンプルは第1部で東京支店が定めたプロジェクトゴールです）。
　どの指標を取り上げ、どのレベルまで向上させるか、そのレベルに到達する人財の割合をどの程度にするのかを具体的に決定します。
　その職場のエグゼクティブは、WPLキャンバスに記載された数値目標を達成する責任を持ちます。職場の学習環境を整備し、ラインマネジャーが部下の学習をより効果的にサポートできるよう支援します。また、ラインマネジャーは部下の「経験学習マインドセット」に基づく指標の達成に責任を持ちます。そして、従業員は、自らが効果的な経験学習を行える自律的な学習者になることに責任を持ちます。このように、3者が自律的に活動することで、学習に対して肯定的なWPL環境が整い、組織が求める成果を発揮できるようになります。

　このように、WPLの方向性、目標、各要素の焦点、評価指標を考慮し、対象となる職場に適したオリジナルのWPLキャンバスを完成させます。このWPLキャンバスに基づき、どのWPL施策が必要かを検討することで、職場ごとに最適化された戦略的なWPLマネジメントを実施できます。職場ごとにWPLキャンバスを細かく描く理由は、一つとして同じ職場が存在しないためです。環境や人財、その他の要素が全て異なります。そのため、他の職場と単純に比較することは意味がありません。大切なのは、その職場の前後の比較です。どれだけ自分たちの取り組みに集中できるかが重要です。

図2-28 WPLキャンパス（注力する指標とプロジェクトゴールの決定）

✦ **WPL パーパス**	職場学習を推進することで、個人と組織の継続的な成長を促す

🚩 **人財ビジョン**	長期的な視点：未来の不確実な状況においても、自律的に学習し、高い志を持って、困難を乗り越えていく未来型人財 短期的な視点：現在のビジネスにおいて高い専門性を持つことに加え、他者から学習し、高い目標に挑戦し、高いパフォーマンスを発揮できる人財

〽 未来人財要件

〈重要指標〉

考える力	聴く力
決める力	動かす力

• 20XX年は、「聴く力」と「決める力」を成長させることを目指す

〈プロジェクトゴール〉

20XX年度末までに
• 「聴く力」について、各評価者の評価平均が3点を超える営業担当者の割合を15%以上にする
• 「決める力」について、各評価者の評価平均が3点を超える営業担当者の割合を10%以上にする

⚛ ラインマネジャーの行動
部下の学習支援

〈重要指標〉

成長支援	自律支援
内省支援	

• 「成長支援」における評価者間のGAPを解消し、より高いスコアが得られるか
• 「内省支援」における評価者間のGAPを解消し、より高いスコアが得られるか

〈プロジェクトゴール〉

20XX年度末までに
• 「成長支援」の各評価者の評価平均が3点を超える営業マネジャーの割合を30%以上にする
• 「内省支援」の各評価者の評価平均が3点を超える営業マネジャーの割合を20%以上にする

✨ 従業員の行動
経験学習マインドセット

〈重要指標〉

学習志向	批判的内省
自主的挑戦	仕事の意味

• 「学習志向」における評価者間のGAPを解消し、より高いスコアが得られるか
• 「批判的内省」における評価者間のGAPを解消し、より高いスコアが得られるか

〈プロジェクトゴール〉

20XX年度末までに
• 「学習志向」の各評価者の評価平均が3点を超える営業担当者の割合を20%以上にする
• 「批判的内省」の各評価者の評価平均が3点を超える営業担当者の割合を15%以上にする

🌱 エグゼクティブの行動
職場学習環境づくり

〈重要指標〉

心理的安全性	挑戦的仕事
仕事のやりがい	越境コミュニティ

• 「挑戦的仕事」や「越境コミュニティ」のスコアに影響を与えそうな新しい取り組みを始められたか

〈プロジェクトゴール〉

20XX年度末までに
• 「挑戦的仕事」や「越境コミュニティ」に関する組織的な取り組みの必要性を含め精査し、シニアエグゼクティブに提案する

施策の検討と実行

施策検討および施策実行のためのツール紹介

- ☑ WPL 施策の検討に役立つツールを紹介します
- ☑ WPL 施策の具体例を紹介します

		目的	進め方
STEP 1 現状と 課題整理 Why を 明確にする	❶-1 事前調査	人財育成の状況を分析し、WPLの必要性の検討	1. パフォーマンスの観点で、現在と未来像のGAPを確認する 2. 職場学習チェックを行う 3. 2つの分析結果から、WPL推進の必要性を判断する
	❶-2 プレワーク	人財の未来像に向けての、WPLの現状や課題の整理	1. WPLパーパスを仮設定し、現状を項目に沿って整理する 2. 不足していると考えられる情報も整理する
STEP 2 ゴール設定 What を 明確にする	❷-1 プロジェクト キックオフ	「職場」の定義を明確にした上でのプロジェクトの開始	1. プロジェクトの対象となる「職場」を定義する 2. 「職場」における主人公と関係者を整理する 3. プロジェクトの全体スケジュールを検討する
	❷-2 WPL キャンバス作成	WPLキャンバスの完成	1. WPLパーパスと人財ビジョンを決める 2. WPL推進の4要素の指標を決める 3. WPLキャンバスを完成させる 4. WPL推進の4指標の事前評価を行う
STEP 3 施策の 検討と実行 How を 明確にし 実行する	❸-1 WPL 施策プラン	具体的な施策の設計	1. 現時点のWPLの実践度をチェックする 2. WPLキャンバスを実現するための各施策をWPLアクションマップで検討する 3. 施策案をマクロスケジュールに落とし込む
	❸-2 詳細設計 コンテンツ開発	WPL施策の設計とコンテンツを開発	1. スケジュール化した各施策について、それぞれの実施計画を組む 2. 各施策のコンテンツ開発を行う
	❸-3 施策実行	各施策の実行とトラッキング	1. プランに基づき関係者向けのワークショップなどを行う 2. 各施策の実行状況をトラッキングする
STEP 4 評価と ネクストアクション プロジェクトを 振り返る	❹-1 評価	プロジェクト評価と今後の課題・アイデアの整理	1. 施策実行後の4指標の評価を行い、インパクト分析を行う 2. プロジェクト報告を行う
	❹-2 次への展開	次のプロジェクトへの展開の決定	1. 評価に基づき、プロジェクトの継続性を検討する 2. 評価に基づき、プロジェクトの横展開を検討する

23 WPL実践度チェックの使用手順

　WPLマネジャーが、職場のエグゼクティブやラインマネジャーと一緒にWPLを推進する施策を考える前に、現在、自分たちがどの程度WPLを実践できているか見渡すことができるのが、「WPL実践度チェック」です（図2-29は第1部の中で、東京支店で活用されていたフォーマットです）。

　従業員（育成対象者）、ラインマネジャー（上司）、エグゼクティブ（上位上長）がWPL推進のために実行するとよいとされているベストプラクティスを列挙しています。

　ここで紹介する施策全てをすぐに実行する必要はありません。そして、「実践

図2-29 WPL実践度チェック

職場名	
ラインマネジャー名	
エグゼクティブ名	

対象	カテゴリー	施策	1 やっていない	2 質×	3 質△	4 質○	5 質◎	コメント
従業員（育成対象者）	振り返りの支援	①振り返りを促すツール（シート）の活用						
		②上司による定期的な1on1実施						
	多角的な育成支援	③キャリアと紐づけた経験付与（挑戦的な仕事の付与や部門横断型プロジェクト経験等）						
		④職場メンバーと振り返る場の提供						
ラインマネジャー（上司）	上司の育成スキル向上支援	⑤部下育成に関する指南書の提供						
		⑥部下育成力向上のための研修実施						
		⑦部下育成に関する上司同士の情報共有の場の提供						
	上司の育成スキル評価支援	⑧部下育成力の評価の実施						
		⑨部下に対する上司育成力に関するサーベイ実施						
エグゼクティブ（上位上長）	上位層による支援	⑩エグゼクティブによる上司に対する部下育成の指導（上司のマインドセットと評価）						
		⑪上位層（エグゼクティブ・シニアエグゼクティブ）による育成・学習に対する強いメッセージ発信						

できそうなことから着手する」、「重要なものから着手する」など、優先順位をつけてみるとよいと思います。

　その職場に見合ったWPL施策を検討して決めていくことが極めて重要なのです。

　いずれの施策を行うにせよ、「まずはやってみる」というトライ＆エラーの発想で進めるとよいでしょう。

【参加者】
　職場に所属するラインマネジャー全員（またはプロジェクトメンバー）

【手順】
①評価の基準を決める

　実施していなければ1点、実施している場合、質感のレベルで2点〜5点までに振り分けてもらいます。簡単に4点（質として〇）以上をつけず、質を見ることの大切さを伝えましょう。

　可能であれば、どこまでできていれば4点とするかといった基準を揃える場を設けるとよいでしょう。

②優先度を決める

　アセスメント結果を並べて、「WPLパーパス」「人財ビジョン」に向かっていくために職場にとって必要だと考えられるものに優先順位をつけて、施策を検討する際の参考にします。

24 WPLアクションマップの作成手順

　前述した「WPL実践度チェック」である程度、職場内におけるWPLの実施状況を把握した後に活用するのが、この「WPLアクションマップ」です。WPLストラクチャを眺めながら、誰が誰に対してどのような施策をいつ実施するかを視覚的に捉えながら検討できるようにしたものです（**図2-30**）。

　WPLマネジャーが、職場のエグゼクティブやラインマネジャーなどの関係者と一緒にWPLを推進する施策を協議し、認識を合わせる際に役立ちます。

【参加者】

　WPLマネジャー、エグゼクティブ、プロジェクトメンバーのラインマネジャー

【手順】

①WPLキャンバス4要素の指標とプロジェクトゴールを再確認する。

②WPL実践度チェックの結果を参照し施策を検討する

　（5段階評価で未実施もしくは1～2点の施策の中から、WPLキャンバスにおけるプロジェクトゴールを達成するために必要で現場のニーズと合致するものを選定）。

③WPL実践度チェックに含まれていない施策で追加したほうがよい施策も検討する。

④WPLアクションマップの表（アクションリスト）に記入する

　（誰が、誰に、何を、いつ実施するかを具体的に記載する）。

⑤必要となるOFF-JT（インプット）のリストアップも行っておく。

⑥ドラフトしたWPLアクションマップの抜け漏れを確認し、アクションリストとOFF-JTリストを最終化する。

図2-30 WPLアクションマップ

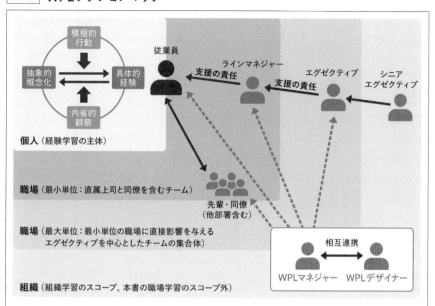

アクションリスト

	誰が	誰に	何を	いつ
❶	営業マネジャー	営業担当者	1on1（経験学習振り返りシートを用いる）	4月〜　2週に1回
❷	WPLマネジャー	営業マネジャー	WPL実践ガイドの提供	4月
❸	WPLマネジャー	営業マネジャー	WPL実践ガイド活用ワークショップ with 支店長	4月
❹	WPLマネジャー	営業マネジャー	WPL振り返りワークショップ with 支店長	6月、9月、12月、3月
❺	WPLマネジャー	営業担当者	WPLワークショップ with 営業マネジャー＆支店長	5月
❻				
❼				
❽				
❾				
❿				

Off-JTリスト

	誰が	誰に	何を	いつ
A	WPLマネジャー	営業担当者と営業マネジャー	未来人財要件を学ぶ　eラーニング	12月以降
B	WPLマネジャー	営業担当者と営業マネジャー	経験学習マインドセットについて学ぶ　eラーニング	10月以降
C	WPLマネジャー	営業マネジャー	上司向け育成支援　eラーニング	10月以降
D				
E				

25 WPLマクロスケジュールの作成手順

「WPLマクロスケジュール」とは、通常業務のスケジュールを踏まえ、追加で実施するWPL施策、コンテンツ準備、ゴール指標のトラッキングや評価の時期などを年間スケジュールとしてまとめたものです（図2-31）。

WPLマネジャーが作成し、エグゼクティブと共有し管理していきます。

WPLマネジメントは、職場における学習の促進をしていくため、その職場で行われている事業活動を踏まえて進めていく必要があります。優先度の高いWPL施策に絞り、事業活動とWPL施策のバランスをとれるような計画にしていきましょう。また、その後も状況に応じて、柔軟にスケジュール変更していくことについて、関係者と合意しておくことも、持続性を高めるためには必要です。

図2-31 WPLマクロスケジュール（例）

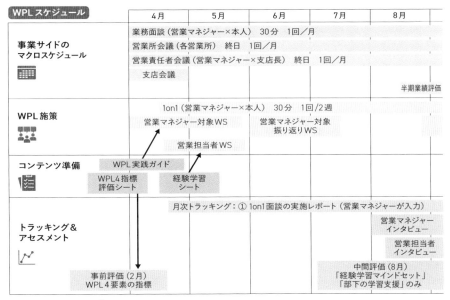

※注釈　WS＝ワークショップ

【作成者】　WPLマネジャー、エグゼクティブ

【作成手順】

①事業サイドのマクロスケジュール

- 会議や面談の予定を整理する。
- 繁忙期や重要なイベントをマッピングし、施策設定の時期を検討する。

②WPL施策

- 「WPLアクションマップ」のリストを基に、事業サイドのスケジュールや業務負荷のバランスを考慮し、施策の時期や回数を設定する。
- 既存の会議の場をアレンジし、WPL施策を組み込むことも検討する。

③コンテンツ準備

- WPL施策を実行するために必要なコンテンツを洗い出す。
- 人事部門や人財育成部門と連携し、教材やシートなどの準備を行う。

④トラッキング＆アセスメント

- 実施した施策の進捗を確認できる仕組みを作成する。
- プロジェクトの開始時、中間、終了時にどのWPL4要素の指標について評価するか話し合って決定する。

	9月	10月	11月	12月	1月	2月	3月
		支店会議					
						期末業績評価	
	営業マネジャー対象 振り返りWS			営業マネジャー対象 振り返りWS		営業マネジャー対象 振り返りWS	
		上司向け 育成支援 eラーニング					
		経験学習マインドセットを学ぶ eラーニング		未来人財要件を学ぶ eラーニング			
② 1on1面談へのフィードバック（営業担当者が入力）							
						最終評価（2月） WPL4要素の指標	

26 WPLワークショップ計画書の 作成ポイント

「WPLワークショップ計画書」は、個別のWPL施策の中のワークショップやトレーニング施策をより効果的にするために、ミクロな視点で施策設計を行うためのワークシートです（図2-32）。これはWPLマネジャー（またはWPLデザイナー）がエグゼクティブの意向も伺いながら作成するものです。

「WPLマクロスケジュール」が完成したら、この計画書を用い、一つ一つの施策の実行に向けた具体的な計画立案を行います。マクロスケジュールには、複数のワークショップが盛り込まれているはずなので、その数だけWPLワークショップ計画書を作成することとなります。研修設計手法であるインストラクショナルデザインの考え方を用いると、効果的なワークショップを設計することができます。

ここでは、第1部で示したWPLワークショップ計画書のサンプルを提示し解説します。

【計画書作成のポイント】
①基本情報

ワークショップタイトル、日時、対象者や施策の実施背景などの基本的な情報を整理します。誰を対象とした施策か、参加すべきステークホルダーは誰かなどを整理し、WPLアクションマップなどで整理した狙い通りの施策になっているか確認するとよいでしょう。

ワークショップの効果を最大化するために、ファシリテーターを誰が担うかも決めておきましょう。はじめの数回は、WPLマネジャーが適任であると考えられます。WPL施策が進み、WPL環境が整ってきたら、職場のラインマネジャーがファシリテーターを担うのもお勧めです。より自分ごととしてWPL推進活動のことを捉えられるようになりますし、ファシリテーションを通じて、ラインマネジャーの能力開発にもつながります。

②目的とゴール設定

WPLキャンバスで描いたプロジェクトゴールに向かって、未来人財の育成を

図2-32 WPLワークショップ計画書

WPLワークショップ計画書

氏名：広瀬、佐藤

WSタイトル	営業マネジャー対象　WPL実践ガイド活用ワークショップ		
WS概要	営業マネジャーが一堂に会し、ディスカッションを重ねる中で、「WPL実践ガイド」の内容を深く理解し、今後展開するWPL支援策のキーアイテムである1on1のやり方をイメージし、明日からの実践に活かせるような場である。	WS実施の背景	東京支店においては、未来人財要件として、「聴く力」と「決める力」を成長させることを目指している。その実現に向けて、WPLキャンバスに基づく検討を行ったところ、営業マネジャーの育成能力の向上が重要な要素として特定された。現在、東京支店WPL推進プロジェクトでは、「WPL実践ガイド」を作成したところであり、営業マネジャーによる「WPL実践ガイド」の活用をより確実、かつ、より効果的なモノにするために、ワークショップを実施することとした。
研修日	20XX年4月25日（木）		
ファシリテーター	広瀬、寺尾		
参加者	対象者：東京支店 営業マネジャー7名 オブザーバー：佐藤		

目標とゴール設定

WPL4要素との関係性	☐ 未来人財要件 ☐ 従業員の行動：経験学習マインドセット ☑ ラインマネジャーの行動：部下の学習支援 ☐ エグゼクティブの行動：職場学習環境づくり	プロジェクトゴール	20XX年XXまでに ・「成長支援」の各評価者の評価平均が3点を超える営業マネジャーの割合を30％以上にする ・「内省支援」の各評価者の評価平均が3点を超える営業マネジャーの割合を20％以上にする
関係性の説明	「WPL実践ガイド」をベースとして部下育成について、営業マネジャー同士によるディスカッションを深めることで、ラインマネジャーが行う部下の学習支援の「成長支援」や「内省支援」のスキル向上を図る。	WSのゴール	①「WPL実践ガイド」を活用した部下の学習支援について理解する ②WPL実践に向けた不安や疑問を解消する ③1on1をすぐに実践するマインドを持つ

方略

WSの全体像	4月上旬 WPL実践ガイド配布 ➡ 4月25日 ワークショップ実施 ➡ 4月26日 ワークショップ実施後アンケート ➡ 4～6月 1on1の実践 ➡ 6月上旬 営業マネジャー振り返りWS
事前準備	・「WPL実践ガイド」を事前に一読し、納得できた点、よくわからなかった点などをメモしてくる ・今回のプロジェクトを通じて育成を目指す営業担当者のスキルやマインドセットの現状について、事前に調べてくる

当日のレッスンプラン

時間	セッションのタイトル	内容	セッションの目的	担当
9:30～9:45	オープニング	WSの目的やWPL実践ガイドの意義	WPL実践ガイドを通じた取り組みの方向性を理解する	広瀬 （寺尾）
9:45～10:00	支店長メッセージ	なぜWPL？ 未来人財とは？	未来人財を育成する意義を理解する	寺尾
10:00～11:00	WPL実践ガイド解説	WPL実践ガイドのインプットと質疑応答	WPL実践ガイドへの理解を深める	広瀬 （寺尾）
11:00～11:15	休憩			
11:15～11:45	グループワーク①	未来人財要件や経験学習マインドセットについて議論する	1on1の目的や学習支援するスキルやマインドセットについて深く理解する	広瀬 （寺尾）
11:45～12:15	グループワーク②	1on1のイメージをつくる	具体的な1on1の方法を考え、その障壁となることへの解決策も検討する	広瀬 （寺尾）
12:15～12:30	ラップアップ	よりよいWPLに向けての宣言	WSのまとめとして、明日からの行動の宣言をする	広瀬 （寺尾）
フォローアップ	・WS実施後1週間以内に、営業マネジャー全員からのアンケートによるフィードバックを得る ・6月実施の営業マネジャー対象振り返りWSにて、WPL実践ガイドを活用した1on1などの実施状況を確認する			

進めることができる施策の１つであることを改めて記載し、方向性を明確にします。WPL推進の４要素のうち、どの指標に深く関連するのかイメージしておくことが重要です。

③方略

　ワークショップを行う際、効果を最大化するために、事前準備やフォローアップの方法も含めて施策全体を検討します。そして施策前後の取り組み内容を一連の流れで図解して整理します。ワークショップをより効果的かつ効率的な場にするために、参加者に必要な事前課題やプレリード資料の配布の必要などがないか、丁寧に検討しておきましょう。

④当日のレッスンプラン

　ワークショップアジェンダは細かく検討します。具体的にアジェンダを書くことで、それぞれのテーマにどれくらいの時間を割くことができるのかも計算できるからです。全てを網羅しようとすると時間が不足することも起きるため、どこに時間を費やすかを検討することで施策の精度を高めます。一方的なインプットを行っても、参加者の行動変容は見込めません。ワークショップ終了後に行動変容を起こしてもらうために、どのようなアクティビティ（グループディスカッション、発表、プレゼンテーション、ロールプレイなど）を入れるとよいかを考えましょう。インプット：アウトプット＝３：７位の割合が最適です。

インストラクショナルデザイン

インストラクショナルデザイン（Instructional Design、略称： ID）は、教育やトレーニングの分野で使用される方法論やプロセスです。このアプローチは、教育目標を達成するため、効果的な教育プログラムや教材を開発・設計しながら使用します（図2-33）。

IDは、教育の入口と出口を明確にすることからスタートします。

入口とは、学習者の現状のことで、出口とは、学習目標を指します。学習目標は現場で求められるパフォーマンスに紐づくように設定し、知識目標、スキル目標、マインドの目標などに分けられます。

学習目標を定めると同時に、評価方法も決めておく必要があります。

たとえば、ある研修の目標が知識習得であれば、知識レベルを評価するためのテストを事前に用意します。これらの入口、出口を明確にした上で、その間にあるGAPを埋めるための学習方法を考えていきます。

参考図書：改訂版『魔法の人材教育』、幻冬舎、2019、森田晃子著

図2-33 IDとは

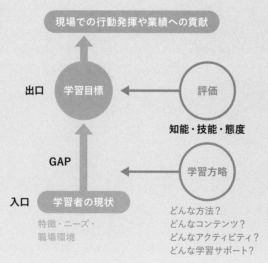

27 従業員の行動変容を促す「経験学習振り返りシート」の効果的な書き方

「経験学習振り返りシート」（図2-34）は、育成対象者となる従業員が経験した学びを効果的に振り返り、今後の行動や学習へつなげるためのツールです。自らの経験から学びを引き出し、それを未来の行動や成長につなげるためのステップバイステップのガイダンスを提供します。

　部下を自律的な学び手として育てていくためにも、本シートは部下本人が作成することを前提としています。上司が手厚くしすぎると1on1は上司が部下に対してやってくれるもの、やってくれるのが当たり前と思われてしまいます。本人の自律性、主体性ということを大切に、大人の学びを促していきましょう。

【各項目の説明】

❶ありたい姿

　今後の自分がどのようなスキルを持ち、どのようなマインドセットを持っていたいかを具体的に記述します。

❷経験したこと（Keep）

　最近の経験から、よかった点や成功した点を思い返し具体的に挙げます。

❸経験したこと（Problem）

　うまくいかなかった点や問題だと思っていることを具体的に挙げます。

❹振り返って学んだこと（Keepからの学び）

　経験したことを継続していくための要因や手法をリストアップします。

❺振り返って学んだこと（Problemからの学び）

　"なぜ"を最低3回繰り返して深掘りし、背景や原因を考察します。振り返って、新たに得られた知識や気づき、理解を記述します。

図2-34 経験学習振り返りシート　通称：KFTシート

	日付：		氏名：	

ありたい姿：	🚶📈 強化したい未来人財要件 **1** ✨🙋 強化したい経験学習マインドセット

K：経験したこと	F：振り返って学んだこと	T：トライすること
Keep よかったこと、できたこと **2**	**4**	**6**
Problem うまくいかなかったこと **3**	**5**	

❻トライすること

　得られた学びを基に、今後どのような行動を取るか、どのような取り組みを始めるかを計画して記述します。具体的な行動や目標を明確にすることで、自分自身の学びと成長の道筋を確立します。

28 ラインマネジャーが従業員に対して行う「経験学習振り返りシート」を活用した1on1の効果的な進め方

　以下の手順を基に、ラインマネジャーがコーチングスキルを活用して1on1のセッションを進めることで、部下の自己認識や自主性を高めるサポートができるでしょう。

1. 環境の整備

　静かな場所を選ぶ。外部からの邪魔や中断を防ぐことで、部下が安心して話せる環境をつくる。

　十分な時間を確保する。急ぐことなく、じっくりと話を聞く時間を持つ（1人1時間位）。

2. オープニング

　ポジティブな姿勢で始める。挨拶や軽い雑談でリラックスさせる。

　セッションの目的をあえて口に出して再確認する。

　例：「経験学習を振り返り、より成長するための支援をする時間です」

3. シートの共有と確認

　部下に「経験学習振り返りシート」に記載した内容について話してもらう。

　ここは、部下の言葉で伝えられることを優先する。

4. 具体的な質問で深堀り

〈Point〉

　1on1の前に、ラインマネジャーが担う。

　「自律支援」「内省支援」「成長支援」の意味合いを思い出しておく。

❶ありたい姿

　「このノンテクニカルスキルを強化したいと思った背景は何ですか？」

　……改めて問いかけることも大切です。

❷経験したこと（Keep）

「その経験や行動をどのようにして実現しましたか？」

「それが成功した要因は何だと思いますか？」

❸経験したこと（Problem）

「その問題に対してどのような感情を持ちましたか？」

「何か対策や改善を試みましたか？」

❹❺振り返って学んだこと

「その経験から最も印象に残ったことは何ですか？」

「それを今後の業務でどのように活かせると思いますか？」

「あなたなりの"教訓"とするなら、どんなことがありそうですか？」

❻トライすること

「それを実現するための第一歩は何だと思いますか？」

「私のサポートが必要なことはありますか？」

5. フィードバック

上司として、部下の反省や考察にポジティブなフィードバックを与える。部下の気づきや努力を認め、その上でアドバイスを行う。

6. アクションプランの設定

次にトライすることを基に、具体的なアクションプランを設定する。期限や具体的な方法を明確にすることで、部下の実行意識を高める（5W1Hの明確化）。

7. クロージング

今回の1on1での気づきや学び、感想を部下に共有してもらう。

次回の1on1の日程やテーマを決め、継続的なサポートの意思を伝える。

29　階層ごとに実施する1on1

　WPLプロジェクトでは、未来人財育成を目指してラインマネジャーが部下に対して効果的な1on1をやっていくことを想定しています。この1on1（部下の学習支援）は若手に限ったことではなく、エグゼクティブがラインマネジャーに対しても行ったほうがよいでしょう。部下がラインマネジャーのような管理職の場合、業績に焦点を絞った面談は行うことはあっても、学習（人財育成の視点）という軸で行われることは少ないのではないでしょうか。部下である管理職も「いちいち指導されたくない」、上司も「管理職なんだから時間をかけなくも自分でなんとかするだろう」と考え、人財育成に関する指導を細かく丁寧に行わないことが両者にとって都合がよいという考えに至ってしまいがちです。実は、それは大きな落とし穴かもしれません。

　管理職は組織の長であり、管轄する組織への影響度は大きいはずです。適切な指導を施せば、組織全体の能力向上に寄与する可能性が高まります。管理職に

図2-35　**効果的な1on1のサイクル**

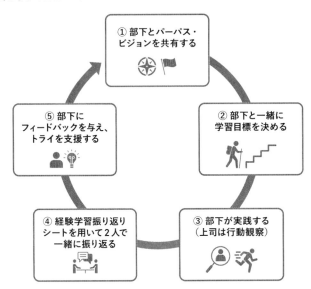

対する支援を適切に行うことで、その管理職は自分の部下に対してより解像度高くイメージを持って学習支援を行うことができるでしょう。部下が管理職なら、なおさら、より丁寧な学習軸での1on1を実行してみましょう。

1on1のサイクル（**図2-35**）は、対象者が変わっても原則同様です。ただし、エグゼクティブがラインマネジャーに実施する際の留意点がありますので、表にまとめました。

図2-36 階層ごとの1on1の留意点

ラインマネジャーが従業員に対して 実施する1on1の留意点	エグゼクティブがラインマネジャーに対して 実施する1on1の留意点
1on1プロセス（**図2-35**）の①〜⑤に沿ってポイントを以下に示します。 ①部下とWPLパーパスやビジョンを共有します。 ②部下が主体的に自分が目指したい学習目標を選ぶための支援をします。 ③部下自身が掲げた学習目標を念頭において、実践・経験を積んでもらいます。上司は可能な限り、部下がどのような経験を積んでいるかを行動観察することをお勧めします。ただし、終始観察することは不可能なので、1on1のタイミングで、部下の口から、どのような経験をしたかを具体的に語ってもらい聞き取ることになります。 ④たとえば、2週に1回、または1か月に1回の頻度で、1on1の場を設定します（部下は自分自身で「経験学習振り返りシート」に記載し、1on1に臨みます）。ここでのポイントとしては、あらかじめ1on1を設定した日程は極力ずらさないということです。部下との1on1の時間の優先順位を上げて取り扱うという姿勢がラインマネジャーには求められます。 ⑤1on1の場では、必要に応じて、部下に対してフィードバックを与えます。フィードバックする際は、部下にとって「耳の痛いことも率直に伝える」ことです。Coolにフィードバックした後は、Warm Heartで寄り添い支援することも伝え、CoolとWarmのバランスを取りながら、部下のトライ（チャレンジ）の場を一緒につくりフォローしましょう。	基本的には、ラインマネジャーが従業員に対して実施する1on1のプロセスと同様ですが、以下のような違いがあります。 1. 目的と焦点 　人財育成、リーダーシップ、チーム運営などテーマが広範になります。 　人財育成に焦点を当てた1on1の優先順位を上げることがWPL推進の鍵の1つとも言えます。 　WPLキャンバスに描いた、「部下の学習支援」の項目で強化する指標を選ぶとよいでしょう。 2. フィードバックの性質 　コーチング、リーダーシップ、意思決定、チームビルディングなど、より高度なマネジメントスキルに焦点を当てたフィードバックが求められますので、エグゼクティブに求められることの難易度も高まります。 　もし、コーチング力をより高める必要があるラインマネジャーがいたら、外部の研修を受講させる、参考図書を紹介したり、時には、1on1の状況を録画・録音してもらい、具体的なフィードバックを与えたりする支援も効果的でしょう。 3. 振り返りツール 　必要に応じて、従業員用の「経験学習振り返りシート」をアレンジして活用してください。 4. 進捗確認 　ラインマネジャーが実施している1on1の進捗状況は定期的に確認します。可能であれば、時々1on1の場に同席させてもらうとよいでしょう。

30　チーム学習

　チーム学習は、チームで「経験学習モデル」を回すこととも言えます。チームで行う「内省的観察」です。チーム全員で共通の認識ができるため、個々の「積極的行動」にもつながりやすくなります。異なるバックグラウンドや経験を持つメンバーが集まるため、１対１で行う施策とは異なる効果が期待できます。チーム学習の効能やメリットは、大きく次の４つが考えられます。

1. 知の共有と集合知の構築

　自身の知識や経験を共有する機会を持つことで、個々のメンバーが持つ専門知識やスキルがチーム全体で共有され、集合知が構築されます。これにより、問題解決やイノベーションの可能性が高まります。

2. 異なる視点とアイデアの発展

　異なる視点やアイデアが交換され、新しいアプローチや解決策が発展する可能性が高まります。このプロセスは、創造性と革新性を促進します。

3. フィードバックと改善の機会

　メンバー同士が互いの業績やアイデアに対してフィードバックを提供し合う場をつくることができます。これにより、個人およびチーム全体の成長と改善の機会が増え、継続的な学習と成長が促進されます。

4. チームビルディング

　チームメンバー間の協力とコラボレーションを促進します。共同で問題を解決し、知識を共有することで、チームの結束力が高まり、信頼感が築かれます。これは、チーム全体のパフォーマンス向上に寄与します。

　一方で、1on1の指導は、個別のニーズに焦点を当て、パーソナライズされた支援を可能とします。どちらのアプローチも重要なので、状況や目的に応じてうまく組み合わせるとよいでしょう。こういったチーム学習をエグゼクティブが奨

励し、WPLマネジャーと協力して企画運営できると「職場」のWPLが推進されていきます。**図2-37**にWPL施策として実施するチーム学習の事例を挙げています。

　これまで述べてきたように、振り返りには「個人で行う」「上司が部下を支援して行う」「チームで行う」という3種類があります。個人での振り返りや上司による内省支援が高品質であったとしても、WPLとして限界があります。ここで重要になるのが高い自律性によって整理するチームでの振り返りです。

　高い自律性に基づくチーム学習が機能することで、模倣困難な人財づくりの最後のピースが埋まるのかもしれません。組織としての取り組みとしては挑戦的かもしれませんが、たとえば航空業界のCAの方々は、日々のフライト後にチームで振り返ることがルーティンとなっています。これは、お客様に安心・安全の場を提供するという強い使命感に基づいているからかもしれませんが、実際にはどんな職種においても同様に必要なことなのではないでしょうか。

図2-37 **WPL施策として実施するチーム学習の事例**

	❶従業員同士でWPLを振り返るワークショップ	❷ラインマネジャー同士でWPLを振り返るワークショップ	❸エグゼクティブとラインマネジャーが集いWPLを振り返るワークショップ
テーマ	実行している「未来人材要件」や「経験学習マインドセット」をさらにパワーアップする	実行している「部下の学習支援」の取り組みをさらにパワーアップする	実行している「職場学習環境づくり」をさらにパワーアップする
参加者	従業員（オブザーバーでラインマネジャーやエグゼクティブが加わるパターンもあり）	1on1やチーム学習を実践しているラインマネジャー達（エグゼクティブはオブザーバー）	エグゼクティブとラインマネジャー
実施時期	WPL施策を3〜6か月実施した後のタイミング	WPL施策を3〜6か月実施した後のタイミング	WPL施策を3〜6か月実施した後のタイミング
ファシリテーター	WPLマネジャー（ラインマネジャーの誰か）	WPLマネジャー	WPLマネジャー
ポイント	・同じ職場内の先輩・後輩が集って実施したり、回数を重ねたタイミングではマンネリ化を防ぐためにも職場の垣根を超えた振り返りワークショップもお勧めです。 ・ファシリテーターをラインマネジャー達が担うようになると、WPL推進プロジェクトが各職場で自走するようになる仕掛けにもなります（ラインマネジャーのファシリテーション技術を高める支援は必須となります）。	・部下との1on1やチーム学習の成功事例の共有やお困りごとも共有し、チームで解決策を検討する場です。 ・部下と上司の関係はブラックボックスになりがちなので、このような場で開示することで、自分たちの能力開発の場にもなります。	・WPLの4つの要素の評価結果を考察して、よかった点、改善点、ネクストアクションを議論する場です。 ・エグゼクティブ自らがファシリテーターをつとめてもよいが、あえて第三者の立場の者が担うことで、意見が出やすくなる可能性もあります。

31 ラインマネジャーの行動変容を促す「WPL実践ガイド」

　WPLマネジメントにおいては、従業員（育成対象者）を未来人財として育成する責任は、ラインマネジャーが担うことになります。しかし、WPLを体系的に導入するとなると、戸惑う人もいるでしょう。そこで、WPLプロジェクトを進めていくにあたり、「経験学習モデル」を中心に据えて、従業員の自律的学習を促進するための指南書として、「WPL実践ガイド」といったものを作成することをお勧めしています（**図2-38**）。

　WPLデザイナー、WPLマネジャーが本ガイドを作成することを想定しています。各職場に共通する部分は横展開が可能ですが、職場に特化した事項もアレンジして記載されていると、より実践的なガイドとなるでしょう。
　ガイドでは、以下のことを意識して整理することで、ラインマネジャーが迷った際の行動指針とすることができます。

　Why　：なぜWPLを推進する必要があるのか？
　What：WPLとは何か？　何をすることか？
　How　：どうやってWPLマネジメントを推進したらよいか？

　WhyやWhatに関しては、対象となる従業員に対して丁寧に説明する必要があるため、ラインマネジャー自身が十分に語ることができるように内容をまとめます。Howに関しては、1on1を行う際に必要になる一般的なコーチングスキルなどの概念的な内容だけでなく、職場内で実際にWPL施策を行うための詳細な実施方法を記載します。
　最初から完璧なガイドを作成することを考えず、関係者同士で意見を出し合って、改善を重ね、職場内でつくり上げていくと、関係者のコミットメントも高まり、職場で有効に活用されるガイドになるでしょう。

　また、可能であればWPL実践ガイドは、ラインマネジャーへの提供だけにとどめず、従業員も閲覧できるように公開しておきましょう。それにより、従業員

のWPLの目的や意義の理解が深まり、自律的成長を考える機会となります。対象者の理解が深まれば、ラインマネジャーによる育成指導が機能しやすくなります。また、対象者もいつかは部下を指導する役目を担うことになります。上司がどのような視点・視座で自分の学習支援を行ってくれているのかを考えることは、将来必ず役立つはずです。

図2-38 **WPL実践ガイド（例）**

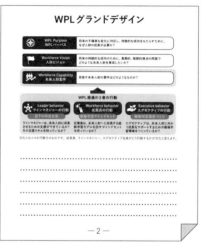

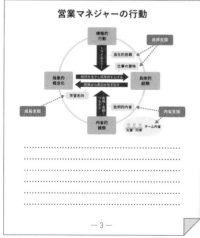

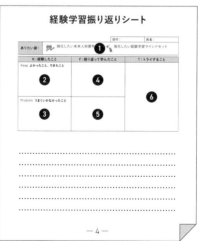

STEP 4

評価とネクストアクション

		目的	進め方
STEP 1 現状と 課題整理 Whyを 明確にする	**①-1** 事前調査	人財育成の状況を分析し、WPLの必要性の検討	1. パフォーマンスの観点で、現在と未来像のGAPを確認する 2. 職場学習チェックを行う 3. 2つの分析結果から、WPL推進の必要性を判断する
	①-2 プレワーク	人財の未来像に向けての、WPLの現状や課題の整理	1. WPLパーパスを仮設定し、現状を項目に沿って整理する 2. 不足していると考えられる情報も整理する
STEP 2 ゴール設定 Whatを 明確にする	**②-1** プロジェクト キックオフ	「職場」の定義を明確にした上でのプロジェクトの開始	1. プロジェクトの対象となる「職場」を定義する 2. 「職場」における主人公と関係者を整理する 3. プロジェクトの全体スケジュールを検討する
	②-2 WPL キャンバス作成	WPLキャンバスの完成	1. WPLパーパスと人財ビジョンを決める 2. WPL推進の4要素の指標を決める 3. WPLキャンバスを完成させる 4. WPL推進の4指標の事前評価を行う
STEP 3 施策の 検討と実行 Howを 明確にし 実行する	**③-1** WPL 施策プラン	具体的な施策の設計	1. 現時点のWPLの実践度をチェックする 2. WPLキャンバスを実現するための各施策をWPLアクションマップで検討する 3. 施策案をマクロスケジュールに落とし込む
	③-2 詳細設計 コンテンツ開発	WPL施策の設計とコンテンツを開発	1. スケジュール化した各施策について、それぞれの実施計画を組む 2. 各施策のコンテンツ開発を行う
	③-3 施策実行	各施策の実行とトラッキング	1. プランに基づき関係者向けのワークショップなどを行う 2. 各施策の実行状況をトラッキングする
STEP 4 評価と ネクストアクション プロジェクトを 振り返る	**④-1** 評価	プロジェクト評価と今後の課題・アイデアの整理	1. 施策実行後の4指標の評価を行い、インパクト分析を行う 2. プロジェクト報告を行う
	④-2 次への展開	次のプロジェクトへの展開の決定	1. 評価に基づき、プロジェクトの継続性を検討する 2. 評価に基づき、プロジェクトの横展開を検討する

32　プロジェクト評価

　WPLプロジェクトを進めて1年間が経過した段階で、プロジェクトとしての最終評価を行い、プロジェクトの成果をプロジェクトオーナーに対して報告します。その際には、**図2-39**のようにこれまでのプロセスを簡単に整理するとよいでしょう。

　成果確認としては、再度「未来人財要件」、「経験学習マインドセット」、「部下の学習支援」「職場学習環境づくり」の4つの要素で調査を行い、プロジェクト開始前に調査したデータと比較して、考察を行います。
　WPLキャンバスに記載していた、4つの要素のプロジェクトゴールに対する結果を整理します。
　このように定量的な評価（プロジェクトゴールの達成率）に加えて、定性的な評価（質的評価）である従業員やラインマネジャーに対するアンケートやインタビューで得た生の声も整理しておきます。
　WPL推進活動のような人財育成は、成果が出るまでに時間がかかることも多いですが、生の声をよく見ていくと、小さな変化の兆しが見られることも少なくありません。単純に数値だけを捉えて、成果が出ていないと判断し、施策を中止してしまうと、それまでの職場での努力が報われないことにもなりかねません。"継続は力なり"という言葉があるように、職場学習は特に、続けてこそ成果が出てくるので、WPLの取り組みの意思決定者が判断しやすいように仕掛けていくのもWPLマネジャーの役割の1つとなります。

　プロジェクト活動の節目には、「このままWPL推進活動を継続するのか？」「他職場、他事業部に横展開するのか？」といった話が挙がってきます。その際、成果を上げることを重視しすぎると、人事考課との紐づけや、「外発的動機付け」の必要性に関する話が必ずと言っていいほど出てきます。
　しかし、ここまで語ってきたように、VUCA時代に活躍する未来人財（自律的な学習ができる人財）の育成は、人事考課につながる、インセンティブが出るから努力するといったことではなく、好奇心・達成感といった「内発的動機付け」

で動いていくような形で進められるのが理想です。ただ、この点については、それぞれ組織の背景や状況によって何が最適なのかは異なると思います。両者のバランスを考慮し、継続的なWPL推進活動が行えるようにしていただきたいと願っています。

図2-39 WPLプロジェクトのプロセス

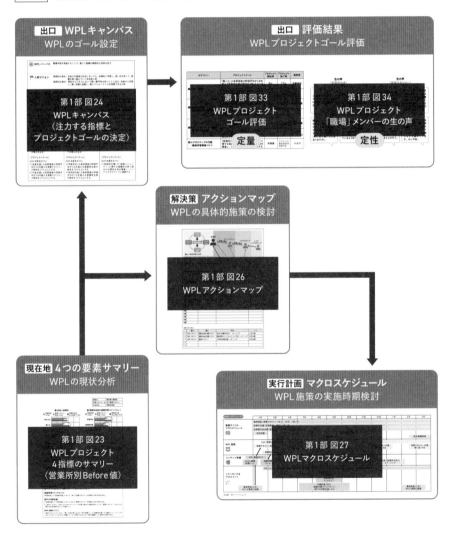

あとがき

　本書を最後までお読みいただき、ありがとうございました。第1部では、WPLを推進した主人公の広瀬さん、佐藤さん、そして東京支店の寺尾支店長といったキャラクターたちが、熱心にプロジェクト活動に取り組む姿を描きました。自社の営業担当者たちが未来で活躍する人財へと成長することを心から願い、与えられた業務以上の活躍を遂げていました。

　実際に、職場のさまざまなステークホルダーを巻き込んでWPLを推進するプロジェクトをリードするには、多種多様な知識・スキル・マインドが求められます。たとえば、人財育成関連知識、戦略的思考、分析力、資料作成力、プレゼンテーションスキル、ファシリテーションスキル、プロジェクトマネジメント、インストラクショナルデザイン、コーチング、リーダーシップ、柔軟性などは、まさに未来人材ビジョンで掲げられている資質やスキルとも言えます。

　プロジェクトの推進は、現業にプラスされて取り組む追加の業務となることが多いため、時間的、精神的に大きな負荷が伴います。私自身も、過去に多くの組織横断的プロジェクトを経験し、現在はコンサルタントとして、広瀬さんたちのような大規模プロジェクトに取り組む方々を支援しているため、奮闘する登場人物に深く感情移入してしまうことがありました。ストーリーには、私たちが過去のプロジェクトで得た成功や失敗経験から学んだ教訓を多く盛り込みました。臨場感を感じていただき、気づきや行動へとつなげていただくことができれば、これ以上の喜びはありません。

　さらに、ストーリーの中ではシニアエグゼクティブたちもキーマンとなりました。天野事業部長、田村営業本部長、そして広瀬さんの上司である片山事業企画部長は、主人公たちを温かく見守り、時には厳しいフィードバックも与えながら、プロジェクトメンバーに権限を委譲していきます。これは、彼・彼女らが、成長の過程で存分に力を発揮できる環境を提供しようと考え

ての振る舞いです。組織のリーダーにとって重要な矜持と言えるでしょう。次世代を担う者たちを信頼し、挑戦する機会を与えることで、組織全体が恩恵を受けます。

　ストーリーは、経験や勘に頼るだけでなく、理論的な枠組みを理解しつつ、感情と理屈のバランスを取りながらプロジェクトを運営する重要性を伝えられるよう注力しました。現場の人たちが協力し、職場学習環境を変化させ、個人もチームも成長していくにはこのバランスが欠かせません。本書では、職場学習に関連する理論やプロジェクトに活用できるフレームワークを具体的に紹介しています。それらがWPL実践の土台となり、変革を促す鍵となると信じています。

　あわせて、職場学習環境の構築において、一律化されたアプローチは最善ではないことを改めて強調しておきたいと思います。機械的に全ての部門や部署に同一の仕組みを導入すると、それぞれの職場固有のニーズや文化を見落としてしまうことがあります。
　すなわち、職場学習はそれぞれの職場で最適化するように構築していかねばならないのです。職場学習環境の真の変革は、各職場の個性を理解し、尊重することから始まります。それぞれの職場固有の特徴を活かしながら、職場学習環境を構築することが、持続可能な成長への鍵となります。昨今、人財育成は投資だと称されています。WPL3.0の実現にはパワーを要しますが、組織において最も重要な「人」へ投資をする覚悟を持って挑戦してみてください。

　本書が完成するまでには、多くの方々に支えて頂きました。
　日々お仕事をご一緒させていただき、本書を執筆するきっかけをくださったお客様。それぞれの企業内において人財育成の仕事に誇りを持って熱い思いで取り組んでいらっしゃいます。ご支援させていただいたプロジェクトで一緒に試行錯誤した経験があったからこそ、実践知を紡ぎ出すことができました。実名を挙げることができないのが残念ですが、この場をお借りし、深

く御礼申し上げます。

　さらに、AGC株式会社の伊藤純也様、古居雄二様、株式会社JALサンライトの城田純子様には、インタビューパートにおいてWPL推進にかける思いと実践を語っていただきました。また、山道弘信様、井上芳樹様には本書の企画構想に際し、取材をさせていただき、多くの示唆を得ることができました。皆さま本当にありがとうございました。

　本書は企画から発売まで結果的に2年近くもの月日がかかってしまいました。最後まで温かく見守り細やかなところまで対応くださったディスカヴァー・トゥエンティワンの村尾純司様、浅野目七重様、原典広様、林秀樹様、そして、レゾンクリエイトの佐藤智様、安澤真央様には感謝の気持ちでいっぱいです。

　最後に、ともに執筆にあたったサンライトヒューマンTDMCの仲間たち、野添さん、石津さん、小久保さん。仲間がいたからこそ、膨大な時間をかけ、初めての取り組みである物語や多くの図表を産み出すことができました。これは一人では決して完成し得ななかったものです。素晴らしいチームワークに心から感謝しています。

　「WPL3.0」の実現に向け、本書が皆さまのモチベーションの一翼を担い、変革へのインスピレーションをもたらすことを願っています。未来の職場は私たちの手でつくられます。その旅に、本書が役立つことを願い、筆を置きます。

2024年2月

森田晃子

参考文献

1. Aguinis, H. & Glavas, A. (2019). On corporate social responsibility, sensemaking, and the search for meaningfulness through work. Journal of management, 45(3), 1057-1086.
2. Amundsen, S. & Martinsen, O. L. (2014). Empowering leadership: Construct clarification, conceptualization, and validation of a new scale. Leadership Quarterly, 25(3), 487-511.
3. エイミー・C・エドモンドソン（2014）『チームが機能するとはどういうことか 「学習力」と「実行力」を高める実践アプローチ』英治出版
4. エイミー・C・エドモンドソン（2021）『恐れのない組織「心理的安全性」が学習・イノベーション・成長をもたらす』英治出版
5. 荒木淳子（2008）．職場を越境する社会人学習のための理論的基盤の検討 - ワークプレイスラーニング研究の類型化と再考 -. 経営行動科学, 21(2), 119-128.
6. Bunderson, J. S. & Sutcliffe, K. M. (2003). Management team learning orientation and business unit performance. Journal of Applied Psychology, 88(3), 552-560.
7. Chalofsky, N. & Krishna, V. (2009). Meaningfulness, commitment, and engagement: The intersection of a deeper level of intrinsic motivation. Advances in Developing Human Resources, 11(2), 189-203.
8. Csikszentmihalyi, M. (1999). If we are so rich, why aren't we happy? American Psychologist, 54(10), 821-827.
9. Cunliffe, A. L. (2004). On becoming a critically reflexive practitioner. Journal of Management Education, 28(4), 407-426.
10. Daudelin, M. W. (1996). Learning from experience through reflection. Organizational Dynamics, 24(3), 36-48.
11. デイブ・ウルリッチ、ウェイン・ブロックバンク、ジョン・ヤンガー、マイク・ウルリッチ（2014）『グローバル時代の人事コンピテンシー 世界の人事状況と「アウトサイド・イン」の人材戦略』日本経済新聞出版社
12. デイヴィッド・コルブ、ケイ・ピーターソン（2020）『最強の経験学習』辰巳出版
13. Dayan, M. & Basarir, A. (2010). Antecedents and consequences of team reflexivity in new product development projects. Journal of Business & Industrial Marketing, 25(1), 18-29.
14. De Pater, I. E., Van Vianen, A. M., Bechtoldt, M. N. & Klehe, U. (2009). Employees' challenging job experiences and supervisors' evaluations of promotability. Personnel Psychology, 62(2), 297-325.
15. DeRue, D. S. & Wellman, N. (2009). Developing leaders via experience: The role of developmental challenge, learning orientation, and feedback availability. Journal of Applied Psychology, 94(4), 859-875.
16. Dragoni, L., Tesluk, P. E., Russell, J. A. & Oh, I. (2009). Understanding managerial development: Integrating developmental assignments, learning orientation, and access to developmental opportunities in predicting managerial competencies. Academy of Management Journal, 52(4), 731-743.
17. Dweck, C. S. (1986). Motivational processes affecting learning. American Psychologist, 41(10), 1040-1048.
18. Edmondson, A. (1999). Psychological safety and learning behavior in work teams. Administrative Science Quarterly, 44(2), 350-383.
19. Ellinger, A. D., Ellinger, A. E. & Keller, S. B. (2003). Supervisory coaching behavior, employee satisfaction, and warehouse employee performance: A dyadic perspective in the distribution industry. Human Resource Development Quarterly, 14(4), 435-458.
20. Grant, H. & Dweck, C.S. (2003). Clarifying achievement goals and their impact. Journal of Personality and Social Psychology, 85(3), 541-553.
21. Heslin, P. A., Vandewalle, D. & Latham, G. P. (2006). Keen to help? Managers' implicit person theories and their subsequent employee coaching. Personnel Psychology, 59(4), 871-902.
22. Hoegl, M. & Parboteeah, K. P. (2006). Team reflexivity in innovative projects. R&D Management, 36(2), 113-125.
23. Hooijberg, R. & Lane, N. (2009). Using multisource feedback coaching effectively in executive education. Academy of Management Learning & Education, 8(4), 483-493.
24. 堀公俊（2018）『ファシリテーション入門〈第2版〉』日本経済新聞出版
25. Humphrey, S. E., Nahrgang, J. D. & Morgeson, F. P. (2007). Integrating motivational, social, and contextual work design features: A meta-analytic summary and theoretical extension of the work design literature. Journal of Applied Psychology, 92(5), 1332-1356.
26. Huselid, M. A., Becker, B. E. & Beatty, R. W. (2005). The Workforce Scorecard: Managing Human Capital to Execute Strategy. Harvard Business Review Press.
27. 石井遼介（2020）『心理的安全性のつくりかた「心理的柔軟性」が困難を乗り越えるチームに変える』日本能率協会マネジメントセンター
28. 石山恒貴、伊達洋駆（2022）『越境学習入門 組織を強くする冒険人材の育て方』日本能率協会マネジメントセンター
29. ジョー・ウィルモア（2011）『HPIの基本 業績向上に貢献する人材開発のためのヒューマン・パフォーマンス・インプルーブメント』ヒューマンバリュー
30. 経済産業省（2022）『未来人材ビジョン』経済産業省 https://www.meti.go.jp/press/2022/05/20220531001/20220531001-1.pdf
31. Kember, D., Leung, D. Y. P., Jones, A., Loke, A. Y., McKay, J., Sinclair, K., Tse, H., Webb, C., Wong, F. K. Y., Wong, M. & Yeung, E. (2000). Development of a questionnaire to measure the level of reflective

thinking. Assessment & Evaluation in Higher Education, 25(4), 381-395.

32. 国土交通省（2017）『Competency-Based Training and Assessment Program の審査要領細則』国土交通省 https://www.mlit.go.jp/notice/noticedata/pdf/201706/00006710.pdf

33. Kolb, D. A. (1983). Experiential Learning: Experience as the Source of Learning and Development. FT Press.

34. Lee, L. T. (2008). The effects of team reflexivity and innovativeness on new product development performance. Industrial Management & Data Systems, 108(4), 548-569.

35. Lombardo, M. M. & Eichinger, R. W. (2010). Career Architect Development Planner, 5th Edition. Lominger.

36. 前田和哉（2022）『プロジェクトマネジメントの基本がこれ1冊でしっかり身につく本』技術評論社

37. 松尾睦（2011）『職場が生きる人が育つ「経験学習」入門』ダイヤモンド社

38. 松尾睦（2015）『「経験学習」ケーススタディ』ダイヤモンド社

39. 松尾睦（2021）．経験から学ぶ能力と職場学習．経済学研究．71(2), 1-51.

40. McCauley, C. D., Ruderman, M. N., Ohlott, P. J. & Morrow, J.E. (1994). Assessing the developmental components of managerial jobs. Journal of Applied Psychology, 79(4), 544-560.

41. 森田晃子（2019）『改訂版 魔法の人材教育』幻冬舎

42. 森田晃子（2019）『ビジネスインストラクショナルデザイン 企業内教育設計ワークショップ』中央経済社

43. 中嶋秀隆（監修）、浅見淳一（著）（2013）『通勤大学 図解 PM コース① プロジェクトマネジメント 理論編（第2版）』総合法令出版

44. 中嶋秀隆（監修）、中憲治（著）（2013）『通勤大学 図解 PM コース② プロジェクトマネジメント 実践編（第2版）』総合法令出版

45. 中原淳（2010）『職場学習論 仕事の学びを科学する』東京大学出版会

46. 中原淳・荒木淳子（2006）．ワークプレイスラーニング研究序説：企業人材育成を対象とした教育工学研究のための理論レビュー．教育システム情報学会誌．23(2), 88-103.

47. R.A. リーサー・J.V. デンプシー編（2013）『インストラクショナルデザインとテクノロジ 教える技術の動向と課題』北大路書房

48. Rothwell, W. J. (2002). The Workplace Learner. Amacom Books.

49. Rothwell, W. J. & Sredl, H. J. (2000). The ASTD Reference Guide to Workplace Learning and Performance: Present and Future Roles and Competencies, Vol1 (3d. Ed). Human Resource Development Press.

50. Schaufeli, W. B., Bakker, A. B. & Salanova, M. (2006). The measurement of work engagement with a short questionnaire : A cross-national study. Educational and Psychological Measurement, 66(4), 701-716.

51. Sehön, D. A. (1984). The Reflective Practitioner: How Professionals Think in Action. Basic Books.

52. Seligman, M. E. P. (2019). Positive psychology: A personal history. Annual Review of Clinical Psychology, 15, 1-23.

53. Seligman, M. E. P. & Csikszentmihalyi, M. (2000). Positive psychology: An introduction. American Psychologist, 55(1), 5-14.

54. Spreitzer, G. M. (1995). Psychological empowerment in the workplace: Dimensions, measurement, and validation. The Academy of Management Journal, 38(5), 1442-1465.

55. Srikanth, P. B. & Jomon, M. G. (2020). Developing managerial competencies: integrating work design characteristics and developmental challenge. The International Journal of Human Resource Management, 31(22), 2808-2839.

56. Steger, M. F., Dik, B. & Duffy, R. D. (2012). Measuring meaningful work: The work and meaning inventory (WAMI). Journal of Career Assessment, 20(3), 322-337.

57. Sue-Chan, C., Chen, Z. & Lam, W. (2011). LMX, coaching attributions, and employee performance. Group & Organization Management, 36(4), 466-498.

58. 鈴木克明（2015）『研修設計マニュアル 人材育成のためのインストラクショナルデザイン』北大路書房

59. 鈴木義幸（監修）、コーチ・エィ（著）（2019）『新版 この1冊ですべてわかる コーチングの基本』日本実業出版社

60. シュロモ・ベンハー（2014）『企業内学習入門 戦略なき人材育成を超えて』英治出版

61. Tierney, P., Farmer, S. M. & Graen, G. B. (1999). An examination of leadership and employee creativity: The relevance of traits and relationships. Personnel Psychology, 52(3), 591-620.

62. Tims, M., Bakker, A. B. & Derks, D. (2012). Development and validation of the job crafting scale. Journal of Vocational Behavior, 80(1), 173-186.

63. Tobin, D. R. (2000). All Learning is Self-Directed, Association for Talent Development.

64. Tuckman, B. W. (1965). Developmental sequence in small groups. Psychological Bulletin, 63(6), 384-399.

65. Vandewalle, D. (1997). Development and validation of a work domain goal orientation instrument. Educational and Psychological Measurement, 57(6), 995-1015.

66. van Ginkel, W., Tindale, R. S. & van Knippenberg, D. (2009). Team reflexivity, development of shared task representations, and the use of distributed information in group decision making. Group Dynamics: Theory, Research, and Practice, 13(4), 265-280.

67. Van Tiem, D. M., Moseley, J. L., Dessinger, J. C. & Gilmore, E. R. (2005). Fundamentals of performance technology: A guide to improving people, process, and performance. Performance Improvement, 44(1), 41-42.

68. Yanow, D. (2009). Ways of knowing: Passionate humility and reflective practice in research and management. The American Review of Public Administration, 39(6), 579-601.

[著者プロフィール]

森田 晃子 （もりた・あきこ）
サンライトヒューマン TDMC 株式会社　代表取締役社長 & CEO

熊本大学大学院　教授システム学専攻　非常勤講師。教授システム学修士。HPI や ID を軸とした企業内教育のコンサルティングや資格講座の運営を行っている。ID の実践方法を提供してきた会社は100社、4000名を超える。主な著書に「魔法の人材教育（改訂版）」（幻冬舎、2019年）、「ビジネスインストラクショナルデザイン 企業内教育設計ワークショップ」（中央経済社、2019年）がある。

野添 晃司 （のぞえ・こうじ）
サンライトヒューマン TDMC 株式会社　常務執行役員　COO

医薬品関連企業において、プロジェクトマネジメント、組織開発、事業戦略、経営戦略などの業務に従事し、その中でビジネスや戦略の推進には人財育成が最重要という理念から現職へ。現職にて ID、WPL の考え方に基づき、企業内における人財育成の仕組み構築だけでなく、"現場" で仕組みを実装し運用に結び付ける支援に携わっている。

石津 茉歩 （いしづ・まほ）
サンライトヒューマン TDMC 株式会社　ディレクター

教授システム学修士。大学院では、ファーストラインマネジャーが運用する職場学習（WPL）への効果的な off-JT の取り込みデザインを研究。営業、人事、事業開発、組織開発などの仕事を経て現職。組織と人の個性を大切に、WPL や HPI、ID を軸とした企業内の人財育成のデザイン〜運用を支援するコンサルティング、講座に携わっている。

小久保 佳祐 （こくぼ・けいすけ）
サンライトヒューマン TDMC 株式会社　シニアアドバイザー

グロースインサイト合同会社 CEO。経営学修士（MBA）。外資系製薬企業におけるマーケティング責任者などを経て、現職。中小企業から大企業まで幅広くマーケティングコンサルティングを行っている。またビジネスの成長における人財育成の重要性に気づき、サンライトヒューマン TDMC 株式会社の人財育成事業にも参画し、WPL のコンセプト・プログラム開発などに関わる。

自ら学び、未来に活躍する人財が育つ
WPL3.0
ワークプレイスラーニングの理論と実践

発行日　2024年　2月23日　第1刷

Author	森田晃子　野添晃司　石津茉歩　小久保佳祐
Illustrator	マエダユウキ
Book Designer	小口翔平　神田つぐみ（tobufune）／装丁 岸和泉／本文
発行	ディスカヴァービジネスパブリッシング
発売	株式会社ディスカヴァー・トゥエンティワン 〒102-0093　東京都千代田区平河町2-16-1 平河町森タワー11F TEL　03-3237-8321（代表）　03-3237-8345（営業） FAX　03-3237-8323 https://d21.co.jp/
Publisher	谷口奈緒美
Editor	村尾純司　林秀樹　原典宏　浅野目七重 佐藤智　安澤真央（レゾンクリエイト）／編集協力

Distribution Company
飯田智樹　古矢薫　山中麻吏　佐藤昌幸　青木翔平　磯部隆　小田木もも　廣内悠理　松ノ下直輝　山田諭志
鈴木雄大　藤井多穂子　伊藤香　鈴木洋子

Online Store & Rights Company
川島理　庄司知世　杉田彰子　阿知波淳平　王廳　大﨑双葉　近江花渚　仙田彩歌　滝口景太郎　田山礼真
宮田有利子　三輪真也　古川菜津子　中島美保　厚見アレックス太郎　石橋佐知子　金野美穂　陳鋭　西村亜希子

Product Management Company
大山聡子　大竹朝子　藤田浩芳　三谷祐一　小関勝則　千葉正幸　伊東佑真　榎本明日香　大田原恵美
小石亜季　志摩麻衣　野﨑竜海　野中保奈美　野村美空　橋本莉奈　原典宏　星野悠果　牧野類　村尾純司
安永姫菜　斎藤悠人　中澤泰宏　浅野目七重　神日登美　波塚みなみ　林佳菜

Digital Solution & Production Company
大星多聞　中島俊平　馮東平　森谷真一　青木涼馬　宇賀神実　小野航平　佐藤淳基　舘瑞恵　津野主揮
中西花　西川なつか　林秀樹　林秀規　元木優子　福田章平　小山怜那　千葉潤子　藤井かおり　町田加奈子

Headquarters
蛯原昇　田中亜紀　井筒浩　井上竜之介　奥田千晶　久保裕子　副島杏南　福永友紀　八木眸　池田望
齋藤朋子　高原未来子　俵敬子　宮下祥子　伊藤由美　丸山香織

Proofreader　株式会社鷗来堂
Printing　日経印刷株式会社

ISBN978-4-910286-43-3
MIZUKARAMANABI MIRAINI KATSUYAKUSURU JINZAI WO SODATERU
WPL3.0　WORKPLACE LEARNING NO RIRON TO JISSEN by
Akiko Morita Kouji Nozoe Maho Isizu Keisuke Kokubo
© Akiko Morita, Kouji Nozoe, Maho Isizu, Keisuke Kokubo, 2024, Printed in Japan.